JN250451

アイヌ語の文構造

—深層構造から表層構造へ—

酒井 優子 ［著］

リーベル出版
Tokyo, Japan

は　じ　め　に

　本書の目的は、文の深層構造にもとづいてアイヌ語の文の表層構造をとらえることである。それによって、アイヌ語の文の表層構造を明らかにするとともに、文の深層構造を検証する。

　世界では、区切り方によってその数は大きく異なるが、3,000とも6,000とも分類される多様な言語が話されている。消滅したコーカサス地方のウビフ語のように2母音80子音の言語もあれば、文字化によって単純化されたハワイ語のように5母音8子音から成る言語もある。基本的な語順もSVO（主語、動語（品詞の「動詞」と区別して、構成要素は「動語」と呼ぶ）、直接目的語）、SOV、VSO、OVSと多様である。名詞の性で世界を二分し、一つの語基を汎用する言語もあれば、世界を生物と無生物に分ける言語もある。

　アフリカで誕生した人類は、何十万年もかけて南米大陸にまで拡散した。限られた地域でしか生きられない動物もいる中で、人間は灼熱の地でも極寒の地でも生き延びる知恵を培ってきた。その過程で人々はそれぞれの土地で、様々な言語を生みだした。人々は自分を取り巻く外界を捉え、そこに生きる人間の内面を多様な言語で表出する。

　生きるために、人間は言語を生み出すしかなかった。ウサギの耳もアリの方向感覚も持たない人間は、自然界において最も本能的な能力に劣る。この身体的な劣位を克服するために、人間は脳を働かせ、言語で世界を掴み取る。そうして、対象の何かを認識したうえでそこに働きかけ、主体的に生きる道を切り開く。本能というセーフティーネットに導かれない人間は、言語によって選択の自由を得る。そうして、よるべなき自己を客観視し、自己を制する理性をもって己れの世界の主導者になる。

　言語を持つことは、理性を持つことを意味する。世界をわがものとし、そこに自己を位置づける客観性は、言語によってのみなしえる、理性の発現である。人間が生物進化の頂点に立ち、今日の文明社会を築き上げてきたのは、言語という理性を得たからこそである。「内省する生物が言語を生み出した」というヨハンG. ヘルダーの言葉は、人間が生物として言語を生みだした必然を、端的に表している。

　言語はまず、考えるために生み出され、伝達はそのあとに付随する。伝達は言

語の成立後に、一定の条件が整った言語の一部が関わるものでしかない。それで
も、著名な言語学者も含めて多くの人が様々な言い回しで「言語とは、伝達の道
具である」と定義する。伝達において、言語は最も有効な手段である。しかし、
言語生成の過程、論理に沿うならば、伝達は末端の、枝葉に位置している。した
がって、伝達を出発点としたのでは、言語理論は展開しえない。言語の根本から
言語現象を解き明かすなら、認識から始めなければならない。

　そこで、本書では、言語の成立過程に即して、言語が認識の表現であるという
本質から導き出した、あらゆる言語のあらゆる文の根底にある深層構造をアイヌ
語において見ていきたい。それは、アインシュタインが示した空間と時間からな
る4次元の認識から、文の構造を解き明かすことである。言語が認識の必然から
生まれたものであるなら、いかなる言語のいかなる文も4次元認識に基づく
深層構造に規定されているはずである。

　言語形式の根拠を認識に求める試みは、これまでもなされてきた。14世紀に
エルフルトのトマスの思弁文法は、アリストテレスのカテゴリー(実体、量、質、
関係、場所、時、体位、所持、能動、受動)に品詞の根拠を求めた。しかし、こ
れらのカテゴリーは言語(文)から導き出したものなので、言語形式(品詞)を説明
しえなかった。20世紀にフランスの言語学者E. バンヴェニストも同じことを試
みるが、その結果は同じだった。

　また、17世紀のポール・ロワイヤル文法が言語の「普遍性」と呼んでいたの
は、いくつかのヨーロッパ言語に見られる「一般的傾向」「共通性」に過ぎな
かった。それは、すべての言語に貫かれている本質によるものではなく、現象の
寄せ集めから取り出したものであった。20世紀のJ. グリーンバーグはより多く
の言語について調査したが、その「普遍性」が「一般的傾向」であることに変わ
りはなかった。また、内容に立ち返ることなく、文法という形式の中に「普遍」
を見出そうとするノーム・チョムスキーの「普遍性」も、「共通性」の域を出え
ない。ここで言う「普遍」とは、形式を規定している内容に立ち返ることのない、
表面的な類似に過ぎない。内容に規定された文法が個別の言語毎に異なることは、
周知の事実である。その文法に一なるものを見出そうとする「普遍文法」の「普
遍性」は、「共通性」の言い換えにならざるをえない。「共通性」は、対象言語を
増やせば増やすほど縮小し、結局は個別言語の文法しか残らない。ゆえに、チョ
ムスキーの「普遍文法」は、その提唱から半世紀以上たった今日も、英語の文法
から一歩も出ない。

　文法に普遍など見出しえない、このことを理解した研究者たちはチョムスキー
理論を覗き見て、そこから去って行った。しかし、言語に普遍を見出すことを諦
めるわけにはいかない。現象を集めるだけの記述言語学を科学にするには、その

道しかないからである。諸科学の発展を見るなら、チョムスキーが目指した世界中のあらゆる言語を一つのものとしてとらえる「普遍」、「深層」を探求することが、言語学が科学として発展する唯一の方法だと言える。

　このような研究の歴史を振り返って酒井(2002)では、まず言語の本質が認識にあるという、言語認識説の歴史的背景を明らかにした。この言語認識説に基づいて、4次元認識を根拠とする理論を、酒井(2006)ではスペイン語において検証した。そして、日本語((酒井)2011)、英語((酒井)2016)に続いて、本書ではアイヌ語においてこの説を検証したい。

　なぜ、アイヌ語を対象とするのか。それは、アイヌ語が絶滅の危機にあるからである。人類の貴重な財産である言語の一つが大きなものに呑み込まれそうになっているなら、その大切さを訴えたい。そして、その仕事はまず、アイヌを先住民族とする日本の言語学者に課せられていると考える。

　アイヌ語は日本語と文の基本構造を共にする。しかし、アイヌ語では、語に文が含まれている場合が多い。日本語に対応させて一単語だと思っていたものが、実は主語や動語を含む文構造をなしていることがある。そこで、一つの文は幾重にも従属文に取り巻かれ、最後に主文が現れるという極めて複雑な構造になっている。

　このような表層構造はどんな必然によって、深層構造と結びついているのか。本書では、文の各要素を化学式のように樹形図で関係づけ、その何かを定義する。そうして表層構造との関係を明らかにすることで深層構造を検証し、言語認識説の論証を試みる。

　2017 年 1 月 27 日

酒 井 優 子

目　　次

I. 文の深層構造

1. 文の構成要素

　文の深層構造は S（主語）、V（動語）、O（直接目的語）、I（間接目的語）の四つの構成要素から成る。

　この根拠は外界の事物に見いだせる。言語が外界の認識を表現したものであるなら、言語および認識の単位である文は、4 次元の外界の構造に基づいていると考えられる。

　4 次元とは、3 次元の事物が 1 次元の時間を経て存在するという認識である。

　時間が 1 次元であるなら、そこには必ず時間の始めと終わりを示す二つの事物が認識される。時間を経れば事物は必ず変化し、変化をするには時間が必要である。そして、静止が運動の一形態であるように、無変化も変化の一形態である。したがって、時間は変化と同義であり、時間の始めと終わりは変化の始めと終わりでもある。

　変化の始めと終わりにある二つの事物が変化の当事者であるなら、そこには必ず第三者の存在がある。自己が他者を前提とするように、当事者は第三者を前提とするからである。そして、第三者には変化による利害が生じる。

　すなわち、4 次元認識の文構造において、S は変化の始めにある事物を表し、O は変化の終わりにある事物を表し、両者は時間・変化を表す V で結ばれる。そして、変化の外にあり、その利害を生じる第三者が I だと言える。「太郎が次郎にボールを投げる」では、「投げる」という変化は「太郎」に始まり、「次郎」に終わる。そして、その変化の利害を「次郎」が受ける。利害がプラスなら利で、マイナスなら害である。

　言語が認識の表現であり、認識が外界の事物に規定されているなら、いかなる言語のいかなる文も 4 次元の構造に規定されているはずである。これが文の深層構造であり、表層において様々な様相を見せる文は、すべてこの範囲を超える

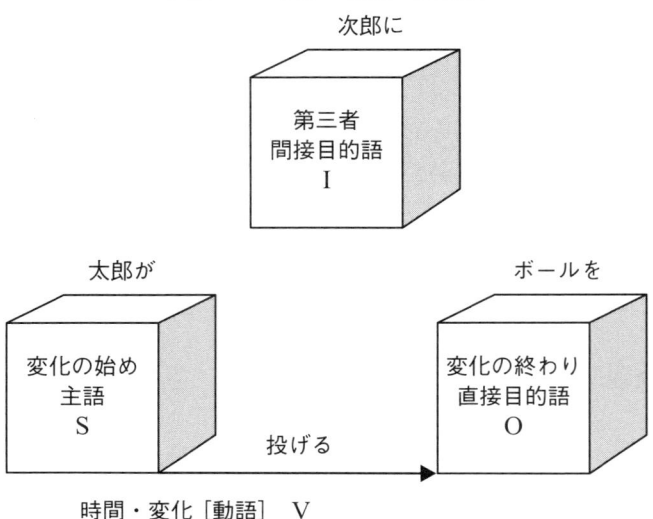

図表1　4次元の認識の文構造

ものではありえないはずである。

　言語は音声で表される。人間は随意筋をコントロールして外界から空気と食料を体内に取り込み、自分のものにして外に出す。その際、自然に音が出る。その音をコントロールして外界をわがものにすることで、人間は言語を獲得した。音声言語は労働を妨げず、闇のなかでも成立する。そして、労働の前提となる外界の認識を体内に取り込む。言語の実体が音声であるのは、生物としての人間の必然である。文字や身振りは音声言語の二次的な表現であり、文字を持たない言語はあっても、音を持たない言語はない。

　言語音が時系列に発せられるからには、相関する4次元の立体的な外界は一本の線状に配列される。それらの要素を区別する方法は二つある。それは、「何」と「いつ」である。格、助詞、前置詞、後置詞など語の形態を異ならせるのは、「何」で区別する方法であり、語順で区別するのは「いつ」で区別する方法である。形態が異なれば語順は自由になり、語順を重視すれば形態を変える必要はない。例えばラテン語のように格変化の多い言語は語順が比較的自由であるが、漢字という変化しない語を用いる中国語は語順が厳密である。

　この順不同の深層構造の要素をどのように並べて表層構造にするか、そのルールが各国語の文法になる。

（1）　文の深層構造（順不同）

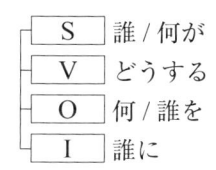

　ソシュールは文が多様であることを理由に、言語学の対象にしなかった。文が多様であるのは、余計な労力を使わないためである。言わなくてもわかること、関心がないことをわざわざ口にはしない。それらの要素も認識したからこそ、不要だと判断されたのである。一語文が文として成立するのは、省略された要素が了解されているからである。そこが辞書の一単語とは異なる。

　4次元認識の構造は相関として成立する。空間のない時間も、時間のない空間も存在しえない。始まりのない終わりも、終わりのない始まりも1次元の時間ではありえない。したがって、すべての文の深層構造には、主語、動語、直接目的語、間接目的語がある。そのどれかが表層に現れていないなら、言うに及ばないからである。

　変化が起きれば必ず第三者に利害が生じる。けれども、その利害が特筆すべきでないときは表現されない。また、発話の時点では、利害がまだ不明な場合も多い。それゆえに、間接目的語は最も表層に現れにくい。

　変化が他者に及ぶ他動詞では、直接目的語が現れやすい。それでも、わかるときは省略される。一方、変化が自己に及ぶ自動詞では、直接目的語が現れにくい。ただし、言語によっては、再帰代名詞で表すこともある。

　主語は変化の始まりを示し、変化の責任者でもある。ゆえに、印欧語などでは動詞に主語を記して重複させる。

　動詞は全ての要素を関係づける文の要である。動詞だけが時間を、変化を表し、最も抽象的であるので省略されにくい。最も省略されやすいのは英語の be など、事物が無変化であることを表す動詞の現在形である。

　すべての要素の相関を把握して、初めて事物は認識される。それが、文の深層構造である。そして、不要な言葉を省略して、表層構造にする。省略の判断が可能なのは、深層構造ですべてを相関において捉えているからである。

　文を理解しようとするなら、言葉に現れていない深層構造を総体として捉えるべきである。そこに、あらゆる言語の根底にある普遍的な言語の姿が見えてくるはずである。そして、それは人間が進化の過程で獲得してきた言語の本質、「認識」に根差していると考えられる。

2. 構成要素の分析

　事物は名詞で表され、事物の変化は動詞で表される。この名詞と動詞を分析するためには、修飾語が必要になる。修飾語は後づけするものではなく、名詞や動詞から引き出されるものである。

　事物は質と量から成り、いずれかの空間と時間を占める。したがって、事物は質、量、場、時の 4 要素に帰せられる。事物を示す名詞は、形容詞の束である。そこで、形容詞は質形容詞、量形容詞、場形容詞、時形容詞の 4 種類が区別される。いずれであるかはその要素を導き出す疑問代形容詞によって判別される。それは、それぞれ「どんな(質形容詞)」「どれだけの(量形容詞)」「どこの(場形容詞)」「いつの(時形容詞)」である。

　事物の変化は質、量、場、時のいずれかに起きるしかない。質の変化は「変質」であり、量の変化は「変量」である。また、場の変化が「運動」であり、時の変化が「経過」である。動詞が表す変化はこの 4 要素の変化に規定されている。動詞は副詞の束であり、動詞の修飾語である副詞も質副詞、量副詞、場副詞、時副詞の 4 種類が区別される。副詞の判別も「どのように(質副詞)」「どれだけ(量副詞)」「どこで(場副詞)」「いつ(時副詞)」という疑問代副詞によってなされる。

　動詞が無変化のまま「ある」ことを示す存在動詞は語彙的な意味に乏しい。そこで、「どのように(ある)」かという修飾語を必要とする。これが補語(C)である。「どのように」は静止した事物の属性を示す形容詞で表される場合もあれば、より動的な副詞で表されることもある。また、形容詞の束である名詞で表されることもある。つまり、補語は品詞を超えた動詞の修飾語であり、副詞の一つである。

　すなわち、4 次元認識の構造は事物を示す名詞とその変化・時間を示す動詞で表され、それぞれ形容詞と副詞で分析される。

　英語や日本語の形式文法では形容詞の修飾語も副詞の修飾語も、すべて副詞とみなす；extremely difficult(極めて難しい)、perfectly well(完全に上手く)。その理由は、これらが副詞の形態をとるからだ。けれども、その役割を正確に区別するなら、形容詞の飾語は「副形容詞」であり、副詞の修飾語は「副副詞」である。

（2）　修飾語（順不同）

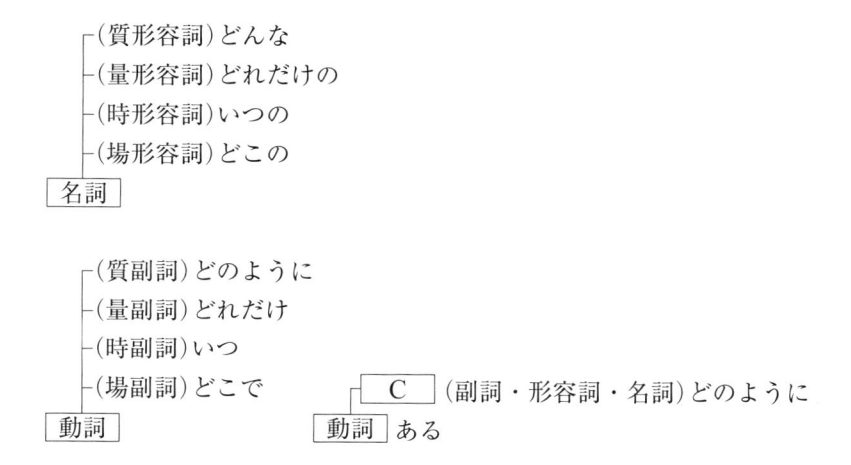

```
      ┌(質形容詞) どんな
      ├(量形容詞) どれだけの
      ├(時形容詞) いつの
      ├(場形容詞) どこの
   ┌──┐
   │名詞│
   └──┘

      ┌(質副詞) どのように
      ├(量副詞) どれだけ
      ├(時副詞) いつ
      ├(場副詞) どこで           ┌───┐ (副詞・形容詞・名詞) どのように
   ┌──┐                         │ C │
   │動詞│                      ┌─┴───┴─┐
   └──┘                       │ 動詞 │ ある
                               └────┘
```

II.　アイヌ語の基本構造

1.　文の構成要素

　アイヌ語は日本語と文の基本構造をともにしている。けれども、日本語と異なる構造をとることはないのか。これについては、それぞれの項で見ていきたい。

　独自の文字を持たないアイヌ語の表記は、音声からローマ字で書き起こされている。本書で使用したデータの表記は作成者によって多少の変異があるが、大筋においては共通している。発音は yukar＞yukara（英雄叙事詩）、pirka＞pirika（良くある）のように-r が先行母音を弱く伴い、c がチャ行であるほかは概ねローマ字読みである。詳細については、田村（1996a, pp. xii-xxi）を参照されたい。

　　（3）　アイヌ語の基本構造

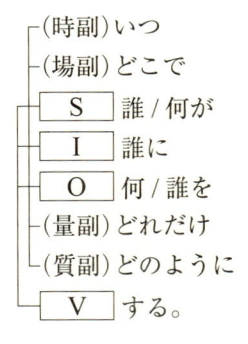

　S、O、I は名詞で表し、V は動詞で表す。日本語は S、O、I の名詞を「が」「に」「を」の助詞で区別するが、アイヌ語ではどのようにして区別するのか。

　まず重視されるのは、SIOV という基本的な語順である。（4-5）では S も I も人でありながら、S、I、O は語順だけで区別されている。もし ankur ekasi cep kore. なら「隣の人がおじいさんに魚をあげる」になる。アイヌ語に「が」「を」に当たる主語と直接目的語を区別する助詞はない。

　なお、アイヌ語の時制は時副詞や文脈によって判断されるので、(4)と(5)の動詞に時制の活用はない。

(4)　ekasi ankur cep kore.　　　木村(2013, 第9課)浦河
　　　おじいさんが 隣の人に魚をあげる。

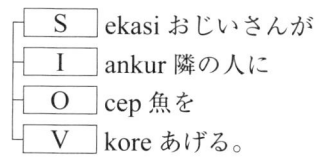

(5)　húci sísam-okkaypo aynu-itak epakasnu.　　　田村(1988, p. 20)沙流
　　　おばあさんが 和人の若者にアイヌの言葉を 教えた。

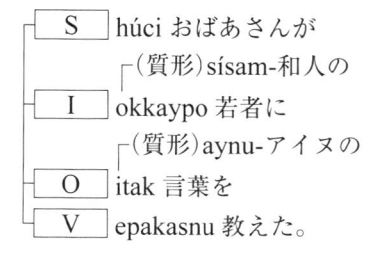

　しかし、間接目的語は助詞を伴うことがある。(6-8)の文ではⅠが eun/orun という助詞を伴う。これらの助詞は「〜へ」という場所を示す助詞であり、Ⅰは場副詞に近い形をとる。

　事物の授受は場所の移動を伴い、利害を受ける第三者は移動先にいる。それゆえに、Ⅰは場の副詞に近い形をとると考えられる。日本語の「〜に」、英語の to〜、スペイン語の a〜などでも、間接目的語につく助詞は移動先の場副詞を示す助詞と重なる。さらに、北東シベリアのユカギール語では、移動先に間接目的語格(与格)を使う例も見られる；met tet-in(与格)kie-t'e(私は あなたのところに 来た)(中川(2009, p.120))。

(6) káni eun ye.　　　　田村（1988, p. 39）沙流
私に言いなさい。

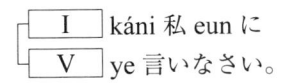

（7) cise kor kur eun ye.　　　中川（1995, p. 76）千歳
家の主人に言った。

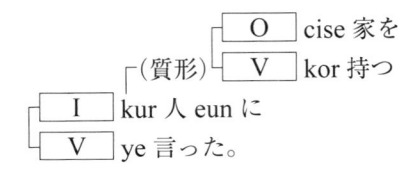

(8) huchi matkachi orun upashkuma.　　　知里真志保（1936, p. 35）幌別
祖母が少女に昔語りする。

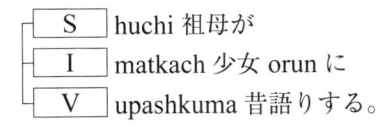

(9)のようにIを示す助詞が動詞の接頭辞になっている場合もある。ko-は本来、移動先を示す前置接辞である。したがって、英語のto、forやスペイン語のaなどに対応される間接目的語の指標だと言える。

(9)のkoomapに類するものとしては、konu＜ko-にnuを聞く、konai＜ko-にaniを持って行く、konuyna＜ko-にnuynaを隠す、kokaranke＜ko-にkaranke談判する、等が挙げられる。さらに、kohawkor＜ko-にhaw-声をkor持つ（にものを言う）には「のために声を出す」という意味もあり、buyやpay等、英語のforで導かれる間接目的語に対応する。

また、場所を示す助詞に相当する前置接辞o-がko-と同じく、Iを示す場合もある；oramkote＜o-(そこ)にram-心をkoteをつなぐ（に心を寄せる、惚れる）やosikkote＜o-(そこ)にsik-目koteを結びつける（に惚れる）。

アイヌ語では「〜を愛する」と人を直接目的語にするより、(9)の「〜に愛情を注ぐ」のように間接目的語にするの例がよく見られる。例えば「その小鳥を拝む」と和訳されるné pon chikappo ko-onkami（放屁 pp. 14-15)) (その 小 鳥 に

−拝礼する）も ko- で示される間接目的の例である。このような現象は人を「直接」目的語で指すよりも「間接」目的語にする婉曲とみられる。

　日本語でも、英語の I met him（SVO）は「＊私は彼を会った」ではなく「私は彼に会った」（SIV）と間接目的語にする。また、スペイン語でも人の直接目的代名詞 lo の代わりに間接目的代名詞 le を使う婉曲法がある。

　（9）　ku＝poho kor hekattar ku＝koomap　　　田村（1988, p. 329）沙流
　　　　私の息子の子供たちに私が愛情を注ぐ^(注1)

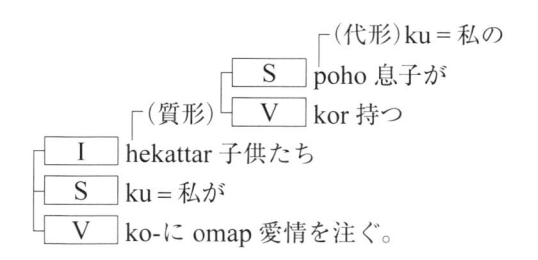

　間接目的語はまた、移動の起点を表すこともある。kouk＜ko-から uk を奪う、では、Ｉにつく前置接辞が場所の起点を表している。このような例はスペイン語の間接目的代名詞にも見られる。例えば le quitó la pistora de Juan（フアンからピストルを取り上げた）の de Juan（フアンから）は間接目的代名詞 le で重複される。

　また、アイヌ語では主語を不定人称にして動作主を「〜の所から」と場所で表す婉曲法がみられる；hapo oro wa a＝en＝koyki（母　の所　から　人が＝私を＝叱った）。日本語訳では「私は母親から叱られた」と受動文に訳されるが（田村（1988, p. 30））、その構造に受動の要素はない。

　日本語でも、「係りの者が説明いたします」と言う代わりに「係りの者から説明いたします」というのは、主語を場所にする婉曲である。また、「陛下は」という主語を「陛下におかせられましては」と場所で示す例もある。

構成要素	S〜が	I〜に		O〜を	V〜する
品詞	名詞	名詞 [人]	助詞 eun/orun 〜に	名詞	S＝動詞
				前置接辞 ko-/o- 〜に	

2. 構成要素の代替

1）主 語

　アイヌ語には図表3のような主語人称代名詞がある。けれども、これらが使われることは稀である。特に3人称は、事物を示す it, they に相当する代名詞がなく、人の場合も大抵は代名詞よりも okkayo（男）等の普通名詞が使われる。ゆえに、省略形の人称接辞も存在しない（図表4）。

　1人称複数「私ども」は相手を含まない。不定人称単数は「人は（誰でも）」を意味し、不定人称複数は「人々は皆（誰でも）」を意味する。これを「私たちは皆」と言い換えるなら、相手を含む「私たち」と言うこともできる。

図表3　アイヌ語主語人称代名詞
知里（1936）（幌別）、中川（1995）（千歳）、田村（1996b）（沙流）による

人称	単数			複数		
	沙流	千歳	幌別	沙流	千歳	幌別
1 私／ども	káni	káni	ku-ani a-shimuma[雅]	cóka	cóka	chi-okai a-okai［雅］
2 お前／達	eani	eáni	e-ani a-okai（敬称） e-shimuma[雅]	ecioká	ecioká	echi-okai［口・雅］ a-okai（敬称）
3 彼（女）／達	sinuma	sunúma	彼 ani, shimuma［雅］	oka	oká	彼ら okai［口・雅］
不定 （私達誰でも）	asínuma	asínuma		aoká	aoká	a-okai

1・2・不定人称の主語では、動詞の接辞が不可欠である。kuani（私）（＞káni）は ku＝an-i（私が＝ある−ように）という副詞句が名詞化したものである。これは（10）の kuani anak（私は）のように強調されるときに表されるが、ku＝（私が）という主語接辞は必ず要る。

（10）　kuani anak huci ku＝tumam 　　　ステノ
　　　　私は祖母を抱いて

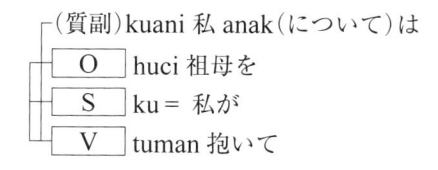

　　　　（質副）kuani 私 anak（について）は
　　　　O　huci 祖母を
　　　　S　ku＝ 私が
　　　　V　tuman 抱いて

（11）　huci ku＝kasuy wa 　　　ステノ
　　　　私が祖母を助けて

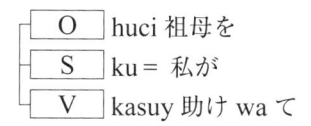

　　　　O　huci 祖母を
　　　　S　ku＝ 私が
　　　　V　kasuy 助け wa て

　1人称複数と不定人称の主語接辞は自動詞に後置される；paye＝an（行く＝私どもが）。そこで、田村（1996b, p.11）はこれらの人称において後置接辞と前置接辞を「自動詞型」と「他動詞型」に分類する。しかし、自動詞でも副詞句の助詞を前に伴う「助詞つき自動詞」の主語接辞は、他動詞と同じように前置される；iku ku＝e-yorot（酒宴　私が＝に−参加する）。

　つまり、直接・間接目的語や助詞なし副詞句が並ぶ可能性がないとき、主語接辞は動詞の後に来る。だが、これらが並ぶ可能性があるときは動詞の前に来る。

　なお、アイヌ語の物語文では最後に「〜とある男が語った」のように物語全体が引用文になっている。そして、直接話法以外、引用文中の「私」は不定人称であらわされる。したがって例文の中で「私が」が＝an になっているのは、このような引用文中であることに注意されたい。

図表4　アイヌ語主語人称接辞 田村(1996b)(沙流)に基づく

人称		主語(が)	
		他動詞 助詞つき自動詞	自動詞
1	単	ku =	
	複	ci =	= as
2	単	e =	
	複	eci =	
3	単	なし	
	複		
不定	単	a =	= an
	複		

2) 直接目的語と間接目的語

　アイヌ語では直接目的語「〜を」と間接目的語「〜に」も人称接辞として、動詞に前置される。

　英語の目的格代名詞と同じように、アイヌ語の直接目的語(12)と間接目的語(13)の人称接辞は同じ形態をとる。けれども、両者の役割は全く異なるので、明確に区別する必要がある。

　例えばスペイン語では、直接目的語と間接目的語の代名詞は形態が異なっており、Yo te lo dije.(私は　君に　それを　言った)のように直接目的語と間接目的語の人称接辞が二つとも現れることがある。けれども、アイヌ語ではどちらか一つの接辞しか表されない。そして、両者の区別は文脈に委ねられる。

　そこで、(15)では「私に=それ=料理させる」のように、間接・直接目的語代名詞接辞が並列されることなく、前述の「食べ物を」という直接目的語は表現されない。なお、この文の使役動詞 su(we)-pa-re(料理する-複数を-させる)は、suwe(単数を料理する)に由来する。また、(14-15)で不定人称の i = が「私に」を意味するのは、引用文中だからである。

（12）　"hucienu" ari a＝en＝hotuyekar.　　　ステノ
「お婆さんっこ」と呼ばれた。

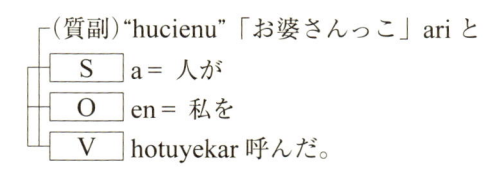

（13）　teeta huci acapo utar ye itak en＝kouwepekennu kus　　　ステノ
かつて祖母や叔父たちが言った言葉を私に尋ねるので

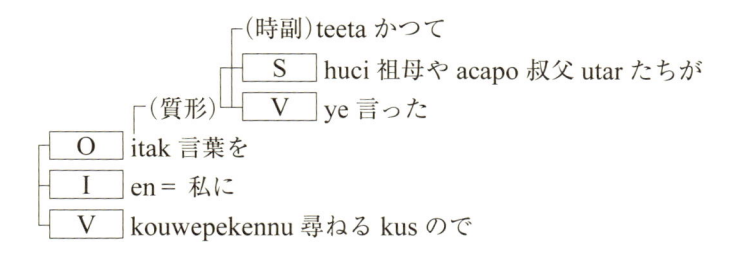

（14）　kotankorkamy a＝ne wa an＝i＝nomi.　　　シマフ
シマフクロウの神である私も祭られた。

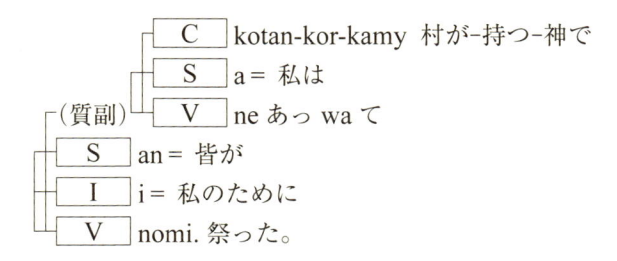

(15)　aep se wa ek hine i = supare kusu ye hine　　　六重

(男の人と言われるものが) 食べ物を背負ってきていて、私に料理するように言って

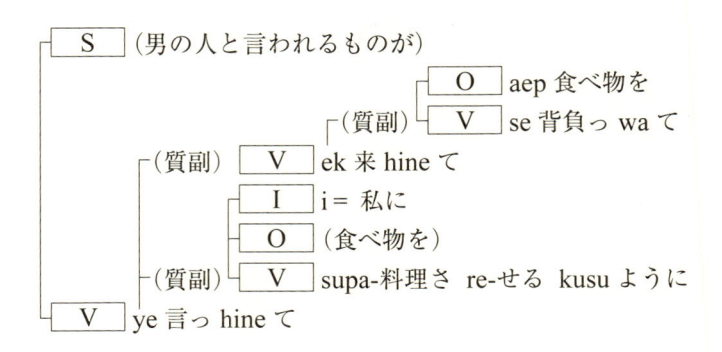

図表5　アイヌ語直接・間接目的語人称接辞 田村 (1996b) (沙流) による

人称		直接・間接目的語人称接辞 (を・に)
1	単	en = i = (間接話法)
	複	un =
2	単	e =
	複	eci =
3	単	なし
	複	
不定	単	i =
	複	

　主語と直接・間接目的語の人称代名詞接辞の組み合わせは、次のようになる。再帰代名詞含有動詞というのは、例えば sikiru (回る) (＜si-kiru 自分を-回す) のように、「自分を / に」という再帰代名詞を含んだ動詞である (図表 11 参照)。

　直接・間接目的語接辞は場所などの名詞に前置されると、「の」という意味になる。例えば (18) の i = sam (私の＝そば) では「私を」「私に」と同じ i = が「私の」という所有代形容詞である。

（16） a＝yupi i＝koyki.　　　白い犬
　　　私の兄が私を叱る。

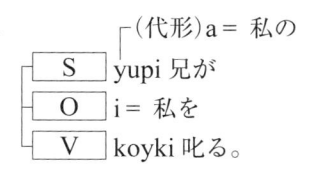

（17） nep ka kamuy i＝cikasnukar.　　　白い犬
　　　何かの神が私に授けた。

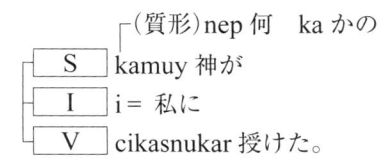

（18） i＝sam ta taa seta ur an wa　　　白い犬
　　　私のそばに犬の毛皮があって

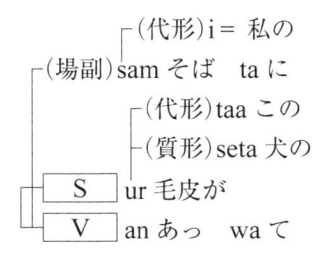

図表6　アイヌ語人称接辞の組み合わせ（田村1996b に基づく）

S＼O／I		1 単 私を／に	1 複 私どもを／に	2 単 あなたを／に	2 複 あなた達を／に	3 単複 彼（女）（ら）を／に	不定 単複 人（々）を／に
1	単 私が	なし（再帰代名詞含有動詞）		eci＝		k(u)＝	ku＝i＝
	複 私どもが					c(i)＝	a＝i＝
2	単 あなたが	en＝	un＝	なし（再帰代名詞含有動詞）		e＝	e＝i＝
	複 あなた達が	eci＝en＝	eci＝un＝			eci＝	eci＝i＝
3	単 彼が	en＝	un＝	e＝	eci＝	なし（再帰代名詞含有動詞）	i＝
	複 彼らが						
不定	単 人は誰もが	a＝en＝	a＝un＝	a＝e＝	a＝eci＝	a＝	a＝i＝
	複 人々は誰もが						

3）動　語

　(19)のような否定文では「する」という他動詞 ki が、名詞化された動詞を直接目的語とする。否定の量副詞を伴わない(20)や(21)でも「～することを」という名詞化された動詞が他動詞 ki の直接目的語になっている（(59)、(82)も同様の例である）。

　同じことは日本語にも見られる。例えば「動きをする」や「働きをする」などは、「動く」や「働く」という動詞を名詞化して、他動詞「する」の直接目的語にしている。

（19）　hosippa somo ki no nani i＝ekotanne rusuy.　　　六重
　　　　帰らないですぐここに住みたい。

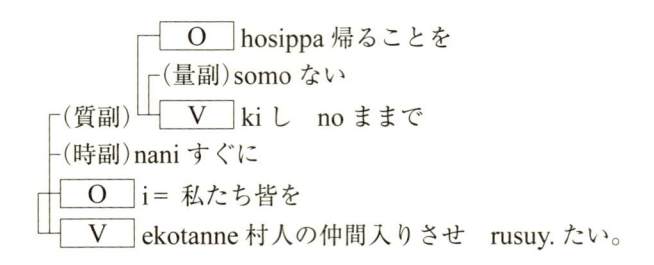

(20)　a＝kor ekasi iruska ki wa　　　月
　　　私のお爺さんが怒って

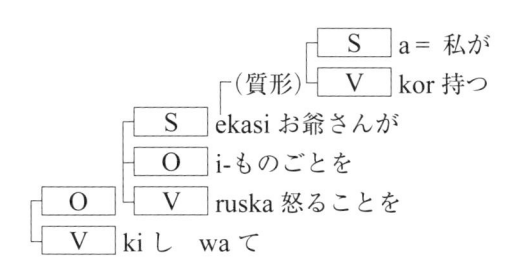

```
                    ┌─────┐
                    │  S  │ a＝ 私が
          （質形）├─────┤
                  └─│  V  │ kor 持つ
          ┌─────┐
          │  S  │ ekasi お爺さんが
          ├─────┤
          │  O  │ i-ものごとを
  ┌─────┐├─────┤
  │  O  │└─│  V  │ ruska 怒ることを
  ├─────┤
  │  V  │ ki し　 wa て
  └─────┘
```

(21)　uwekatairotke＝an ukopayekai＝an ki kunine nishpa utar a＝
　　　koramkor shiri tapan.　　　銀の滴
　　　仲良くして互に往来をしたいという事を皆様に望む次第であります。

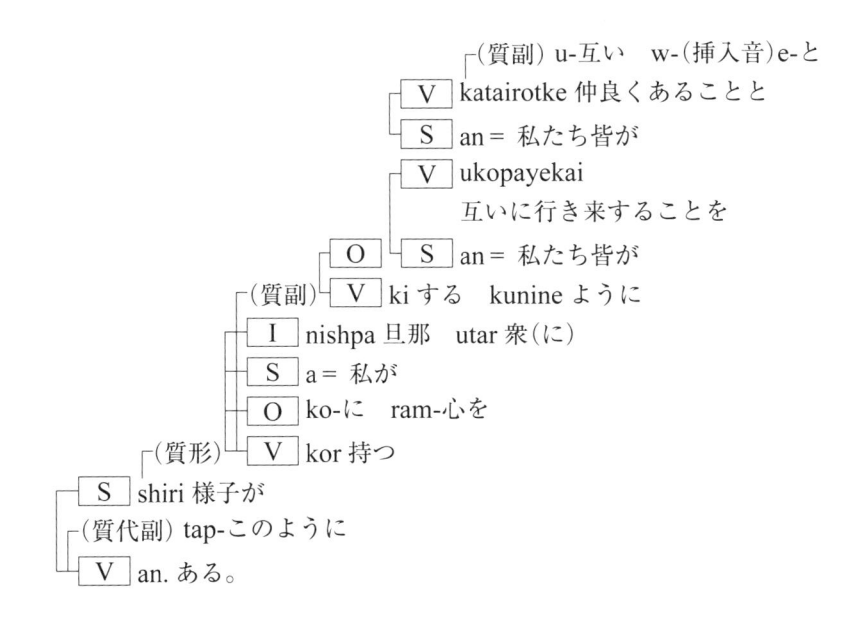

```
                              ┌（質副）u-互い　 w-（挿入音）e-と
                        ┌───┤
                        │ V │ katairotke 仲良くあることと
                        ├───┤
                        └─│ S │ an＝ 私たち皆が
                        ┌───┐
                        │ V │ ukopayekai
                        ├───┤     互いに行き来することを
                  ┌───┐└─│ S │ an＝ 私たち皆が
                  │ O │
          （質副）├───┤ V │ ki する　kunine ように
          ┌─────┤ I │ nishpa 旦那　utar 衆（に）
          │     ├───┤
          │     │ S │ a＝ 私が
          │     ├───┤
          │     │ O │ ko-に　ram-心を
  （質形）├─────┤
  ┌─────┤ V │ kor 持つ
  │ S │ shiri 様子が
  ├───┤
  （質代副）tap-このように
  ├───┤
  │ V │ an. ある。
  └───┘
```

3．複文構造

　アイヌ語の一文には多くの従属文が含まれている。例えば(22)では san＝an（私は浜の方へ下りて行った）という主文に、多くの従属節から成る修飾部がついている。そして、主文も san＝an、ora san＝an(un)と（浜へ下りる＝私は、そこ

から　浜へ下りる＝私は（だよ））と繰り返されている（KONDO は日本語の「今度」である。また、（　　）内は意味のない聴き取り音を表している）。

(22)　KONDO orano (o) yaykata anak po ka porono a＝kor ora Iskar putuhu
　　　un nispa anakne posak kur neya ye hi a＝nu a p orowanopo (po)
　　　yaykata anakne po ka poronno a＝kor wa,（u）hi orowano anakne
　　　ohasiroppa ka (a) a＝etoranne p ne kusu ora, san＝an ka somo ki no an
　　　＝an pe ne a korka san＝an rusuy hi kusu (san) yayetokoyki＝an wa
　　　usa aep (pi) pis ta an kur eun arpa＝an kusu ne kusu orano kim un ka,
　　　ipe?? (e) ne Iskar un nispa kasi a＝ose kusu usa (owa??) kam pirka hi a
　　　＝satsatu neya nen nen o?? a＝kar hine ora poro sike ne a＝kar hine
　　　ora <u>san＝an</u>, ora san＝an (un). ネコ
　　　それからの自分は子供がたくさんできてイシカリの河口に住む<u>旦那</u>
　　　<u>さんの方は子供のない人であるとかいうことを私は聞いていた</u>が、
　　　それからというもの自分の方は子供をたくさん持つことになってか
　　　らは家を留守にするのも気がすすまないのでそれからは浜には行か
　　　ないで暮らしていたのであったが浜へ行きたくなったため私は身支
　　　度していろいろな食べ物を、浜で暮らしている人のところへ行くの
　　　であるからそれから山でとれた食べ物をイシカリの旦那さんへの土
　　　産にするため、いろいろ 肉のよいところを乾かすとかいろいろして
　　　から大きな荷物を作って<u>私は浜の方へ下りて行った</u>。

　日本語でも、文末に主文を注ぎ足すことで文が次々と<u>重ねられていく</u>現象が見られる。
　例えば(23)「風が吹く」は「風が吹く<u>のだ</u> / <u>よう</u>（様）だ / <u>そう</u>（相）だ / <u>わけ</u>（訳）だ」と形式名詞の形容詞節にすることで、複文構造になる(24)。さらに、「〜ということである」と主文をつけ足すと入れ子式の複文構造になる。日本語の文法では「のだ」「ようだ」「そうだ」等は一語の助動詞としている。しかし、分析するとこれらは「形式名詞補語＋ある」の補文構造になっている(25)。

(23)　風が吹く。

（24）　風が吹くようだ。

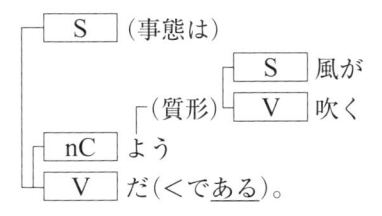

（25）　風が吹くようだということである。

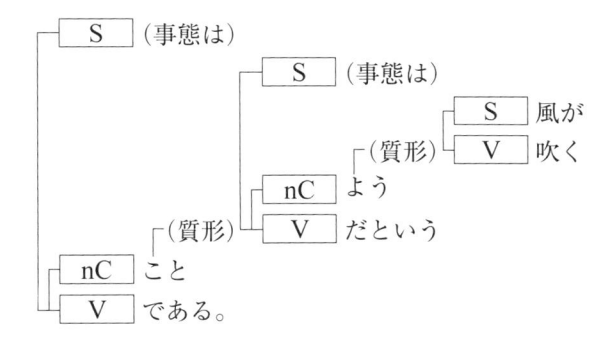

　このような複文構造がアイヌ語では頻繁にみられる。形式名詞としては、ruwe（の＜跡）、siri（様子）、hawe（声）、humi（音）、pe（もの / こと）、hi（こと）などが挙げられる（26-28）。

　（27-28）では形式名詞のない従属文も含めて「ある」を繰り返して、文を二重の入れ子にしている。また、（29）は onne＝an（死んだ ＝私が）という文を形容詞節にして、pe ne（もの である）という形式名詞補語構文する。それを a＝ye（皆が言う）の間接話法文とし、さらに、sekor sine menoko isoytak（と 一人の 女が物語った）という一回り大きな文に入れる。そして、最後は sekor ne.（と なる）とさらに大きな文の中に入れる。

　また、（19-21）で見たように、日本語では「お爺さんが怒る」というところを、アイヌ語では「お爺さんが怒ることをする」と表現する。このように文を直接目的語にして、より大きな文で包み込む複文構造もアイヌ語にはよく見られる。

(26) ne iskar ta paye＝an ruwe ne.　　六重
その石狩に着いたのだった。

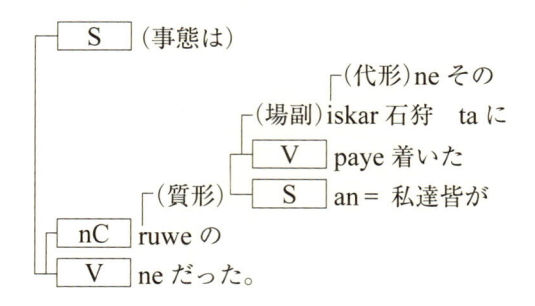

(27) wakkata somo ki no an＝an akusu ne wa an pe.　　月
私は水汲みをしないでいたのだった。

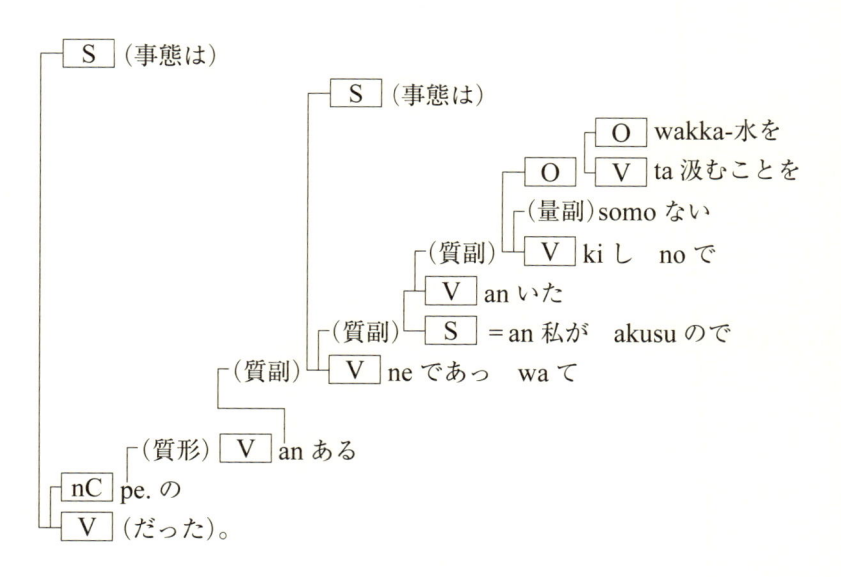

（28）　nep wenpe an, nep asurek wata uchishkaran shiri okaipe ne ya ?
トワ
なんの悪い事があって、なんの凶報が来てあんなに泣き合っている
のだろう。

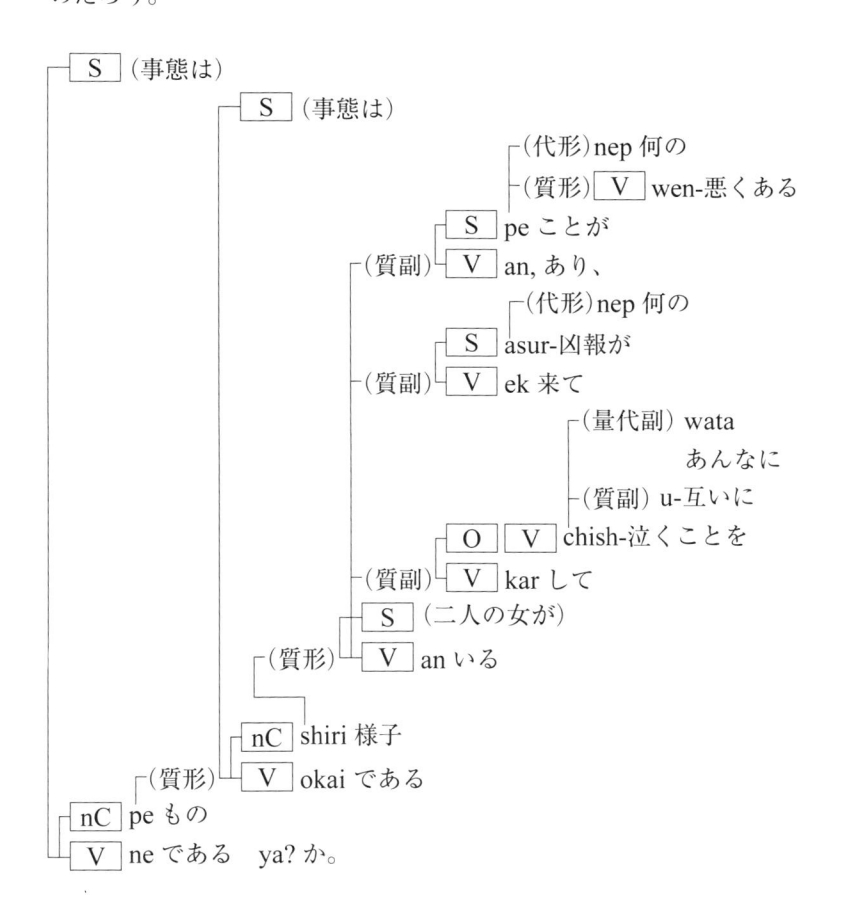

（29） kotan epunkinepa yak pirka na sekor a＝koytakmuyepa kor onne＝an
pe ne akusu a＝ye sekor sine menoko isoytak sekor ne.　　　ソロマ2
村を守るとよいぞと私がよく言い聞かせながら死んでしまったと言
われていると一人の女が物語ったのである。

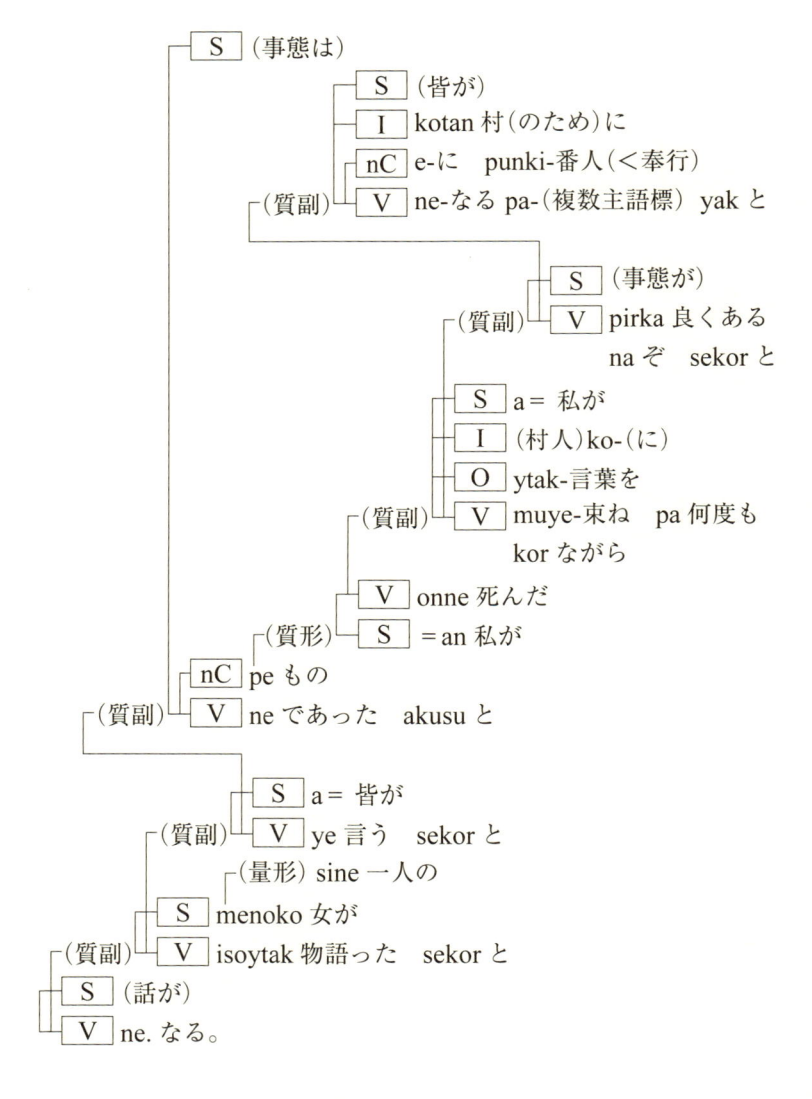

　このような構文は、表面上は動詞だけが付け足されていくように見える。しか
し、4次元認識の文構造が相関するものであるなら、動詞があれば必ず主語があ
る。それは、不要だから表されない。例えば「〜だ」と言う存在動詞には「事態

は〜（だ）」という主語が想定される。英語と違って、アイヌ語や日本語では不要な主語が省略される。したがって、その文構造には同心円状にいくつもの複文が内蔵されている。

また、アイヌ語には 〜 wa an（〜て いる）、〜 kor an（〜つつ ある）、〜 wa isam（〜て しまう）といった複文もよく見られる。そして、主文だと思っていたものが副詞節従属文になり、より大きな文の中に入ってしまう。

例文（29）の S と V の対応を図式化すると、図表7のようになる。このように幾重にも従属文が入っている構文は、その形状から「クモの巣構文」と呼ぶことができる。

文において主語と述語の対応を重視する英語では、その内容が明確でなくても it を主語に据える。しかし、日本語やアイヌ語のような主語省略が許容される言語では、（　）内のような主語をあえて想定することなく、述語だけが付け足されていく。[注2]

図表7　アイヌ語クモの巣構文

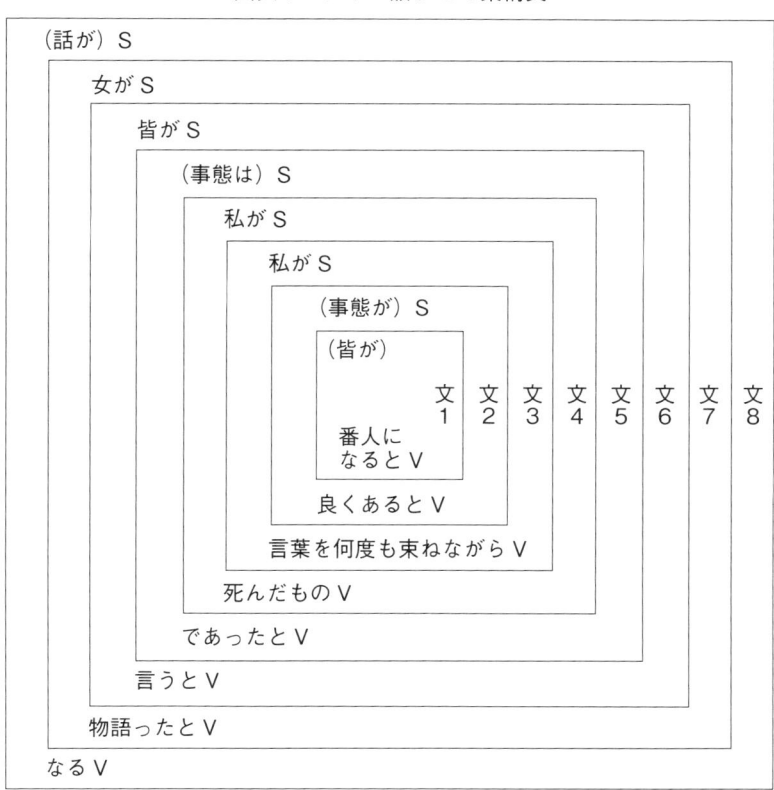

III. アイヌ語の品詞

　アイヌ語も地域によって語彙が異なる。服部（1964）によると、例えば「あざ」には以下のような変異がある。その一方で、基本語の「持っている」のように共通している語も数多い。ただし、例えば樺太ライチシカの藤山ハルさんは、美帆の菊地儀之助さんの言葉はわからないことが多いそうである。

　しかし、「方言」と呼べるほどの話者数が各地方にいないのが、現状だという。また、詳細な用法については用例が見つからない限り、アイヌ語として成立するとは認められない。この認定にはアイヌ語話者の協力が不可欠である。だが、服部らが調査した時点でも流暢に話せる人は半数に満たない状況で、この話者たちもすでにこの世にいない。

図表 8　アイヌ語の方言　服部（1964）に基づく

地域	話者名（日本語名） 性別 収録時 年齢 生存年	名詞 例 あざ（birth-mark）	動詞 例 持っている（to have）
八雲 <small>やくも</small>	Tóytaré/(e)ki トイタレキ （椎久年蔵）<small>しいく としぞう</small> 男 71 歳　1884-1958	忘れた kúnnekes'o setá 《黒ぶちの犬》	kór
幌別 <small>ほろべつ</small>	'Imék' anu イメックアヌ （金成まつ）<small>かんなり</small> 女 81 歳　1875-1961	'iró pótur	kór
沙流 <small>さる</small> Piráka（福満）<small>ふくみつ</small>	Wáteke ワテケ（鳩沢ふじの）<small>はとざわ</small> 女 65 歳　1890-1961 Sátamo サタモ（平賀サダ）<small>ひらが</small> 女 60 歳？　1895?-1972	ténki	kór［他動詞］
帯広 <small>おびひろ</small>	Tupaska'uk トゥパシカウック （広野ハル）<small>ひろの</small>女 73 歳 1884-1952	ánca	kór［他動詞］

美幌	（菊地儀之助）男 83 歳　1877-1961	turkes	kór［他動詞］
旭川	門野 Nanke'aynu ナンケアイヌ 男 75 歳　1881-1963	kemòtok（打ち身などによる） poró kúnnekes（生まれつき黒い）	kór［他動詞］
名寄	（北風磯吉）男 86 歳　1880-1969	kúnnekes	kór
宗谷	Hatankoyma ハタンコイマ （柏木ベン） 女 84 歳？　1879-1961	忘れた	kór
樺太 Raycíska	'Esohrankemah エソッホランケマッハ（藤山ハル） 女 55 歳　1900-1974	'aca 'ancaw raykam,-ihi《青あざ》	koro［他動詞］

1. 名　詞

　名詞は事物を表す。「事」は抽象的な事柄であり、「物」は具体的なものである。名詞に限らず各品詞は「語」だけでなく、修飾語を伴う「句」や文を含む「節」の形態をとることもある。

　アイヌ語の名詞の語では、自然、食料、生活必需品、親族、身体などの基本語が具体名詞として挙げられる。

　抽象名詞では、空間や時間の位置関係を表す語や「もの」「こと」「様子」などの形式名詞などが見られる。

　名詞の中には動詞の形態がそのまま名詞になっているものもある。また、また、cis（泣く）＞ cisi（泣くこと）のように、派生接辞を伴って名詞化される場合もある。これらを動詞から派生した名詞という意味で「動名詞」と呼ぶことにする。

　アイヌ語の名詞で最もよく見られるのは、修飾語を伴う名詞句である。アイヌ語は一語の音節数が少ないので、同義語を区別するためにも、語は合成して使われる。基本的な語でも cep 魚＜ ci＝e-p（私どもが＝食べる-物）、aep 食べ物＜ a＝e-p（人が＝食べる-物）、amip 着物＜ a＝mi-p（人が＝着る-物）、のように、文に修飾された名詞句が見いだせる。なお、「食べ物」、「着物」は主語が明示されないものの、日本語と構造が似ている。さらに、「けもの」（＜毛物）、「獲物」、「果物」、「刃物」、「煮物」といった語も挙げられる。

　アイヌ語の名詞節は、文がそのまま名詞になる。そして、日本語のように「（～する）こと」という形式名詞は用いない。

名詞	語	具体名詞	ya 陸　kim 山　nup 野　pet 川　to 湖沼　atuy 海　rera 風　ni 木　kina 野草　cise 家　su 鍋　ker 靴　hapo 母　mici/iyapo 父　yup 兄　sa 姉　ak 弟　sapa 頭　nan 顔　sik 目　tek 手　itak 言葉
		抽象名詞	rik 上　ra 下　etok 前、先　oka 後ろ、後　nisat 夜明け前の薄明かり　numan 昨日　nu 豊漁　p(e) もの/こと　siri 様子
		動名詞	ipe 食べ物（＝食事する）　mokor 眠り（＝眠る＜mo-kor 静けさを-持つ）　ikka 盗み（＝盗む）
	句	具体名詞	aptowakka 雨水（apto-wakka 雨-水）　munepuy 草の実（mun-emuy 草-実）　ape 食べ物（a＝e-p 人が＝食べる-物）　cep 魚（ci＝e-p 私どもが＝食べる-物）　apeop 火鉢（ape-o-p 火が-（そこ）にはいっている-物）　apeetunheporap 蛾（ape-etun-heporap 火を-借りる-蝶）　sonkokorkur 使者（sonko-kor-kur 知らせ-持つ-人）
		抽象名詞	aesinap 秘密（a＝esina-p 人が＝隠す-事）　petoiramante 川漁（pet-o-iramante 川-その尻-漁をする）
	名詞節（抽象名詞）		hosipi＝an(moyre) 私が帰るのが（遅い）（六重）　Panampe ne yakka opke-i(kamuy-tono nu rusui) パナンペもまた屁を放るのを（殿様が聞きたく思い）（放屁）

　アイヌ語の名詞は、助詞を伴うときに形が異なる。例えば or（場所）に助詞 ta（で）がついた「そこで」のときは、oro ta という形になる。英語の(for)me のような前置詞と接続するときの形を前置詞格と呼ぶならば、これらは「後置詞格」と呼ぶことができる。

　この形はまた、所有形容詞を伴うときにも使われる。例えば sik（目）は「私の目」だと、ku＝siki(hi) になる。さらに kim（山）などは kimke(he) という形になるだけで、「その山」という英語なら定冠詞 the を伴ったような意味になる。

　つまり、後置詞であれ、所有形容詞であれ、前後に語が接続されると、名詞は形を変える。さらに、形が変わるなら、接続要素がなくてもその存在が想定される。これらは従来「所属形」と呼ばれているが、所属だけでなく「名詞に何かが接続している」ことを示すものである。したがって、「接続形」と呼ぶべきものである。そして、そこには所有形容詞や限定詞に接続する「前接続」と後置詞格の「後接続」が区別される。

図表 10　アイヌ語の名詞接続形

	例			
［前接続］	限定詞付	(sik 目)　　　　　　(ak 弟)　　　　　　　(ancikar 夜) ku＝siki(hi) 私の目　k＝áki(hi)　私の弟　ne ancikari その夜
［無接続］		(ya 陸)　　　　(kim 山)　　　　　　(nu 多くの収穫) yake その陸　　kimke(he) その山　　nuwe その多くの収穫
［後接続］	後置詞格	(or 場所)　　　(ipe oka ta 食事の 後 で) oro ta そこ で　okake(he) ta その後 で

2.　動 詞

　動詞が副詞の束から成るなら、一つの動詞は質副詞、量副詞、場副詞、時副詞を含む。例えば日本語の「まどろむ＝少しの間、浅く、眠る」は「眠る」という動詞が「少しの間」という時副詞と「浅く」という質副詞を含有している。

図表 11　アイヌ語の動詞

他動詞		ki する　kar 作る　kor 持つ　sak 欠く　tak 持ってくる　nu 聞く　se 背負う　us 履く o 入れる　tura 同伴する　peka 受け止める　sitoma 恐れる
	主語含有	×
	直目含有	iki 行う(i-ki ものごとを-する)　ikasuy 人を手伝う(i-kasuy 人を-手伝う) ponpakkay 赤ん坊をおぶう(pon-pakkay 小さな-子をおぶう)
		〈直接再帰〉＝自動詞 sisuye 揺れる(si-suye 自分を-揺らす)　simoye 働く(si-moye 自分を-動かす)　ukik ぶつかり合う(u-kik 互いを-打つ)
	間目含有	enispakohepoki(そのこと)によってその人を敬って頭を下げる(e-nispa-ko-he-pok-i それで-金持ち(＝立派な男)-に対して-頭-下げる-[他動詞形成])
		〈間接再帰〉yaykoyupu 自分に〜をきつく締める(yay-自分 ko-に　yupu〜をきつく締める)
	質副含有	tekekar 手で作る(tek-e-kar 手-で--〜を作る)　eninuy〜を枕にする(e-ninuy〜で-枕にする)　hawekoykI〜をどなりつける(haw-e-koyki〜声-で-〜をいじめる) enikikkik〜を木にぶつける(e-ni-kikkik〜で-木-を-打つ)　ukosawot 皆で〜を避けて逃げる(uko-sa-w-ot 一緒に-前-[母音連続をさける挿入音]-つく)
	量副含有	komomo〜を少し曲げる(komo-mo 折り曲げる-重複)
	場副含有	heusi〜をかぶる(he-usi 頭を-〜につける esitapkaani 肩に担ぐ(e-si-tap-ka-ani で-自分の-肩-の上-持ち運ぶ) sikakamure〜を頭の上にかぶる(si-ka-kamu-re 自分の-上-かぶさる-させる)
	時副含有	esiruwokakohoppa(を)自分の死後に残す(e-si-ruwoka-ko-hoppa に-自分の-死後-に-を置いて去る)　maktektek 急に開ける(maka-tektek 開ける-瞬時に〜する)

自動詞		an ある　ne である　as 降る、吹く　isam なくなる　cis 泣く　hu 生である　mu(孔が)つまる　sini 休む　nipopke(食べ物が)いたむ　moyo 人数が少なくいる
		〈間接再帰〉yaykoatca 自分にだらしがない、無精だ　（yay-自分 ko-に atca(?)）
	主語含有	mean 寒い(me-an 寒さ-ある)　sirpeker 夜が明ける(sir-peker 様子-明るくなる)　memawan 涼しい(me-maw-an 寒さ-空気-ある)
	場副接辞・直目含有	kohekiru〜に向かって顔を向ける(ko-he-kiru〜に向かって-頭-を向ける)　eponcisekar〜に小屋を作る(e-pon-cise-kar〜に-小-屋-を作る)
	質副・直目含有	arikiki 精を出す　(ar-i-ki-ki 完全に-ものごとを-することを-する)
	場副・直目含有	hapokaoyki 母親孝行する(hapo-ka-o-i-ki 母-の上-そこで-ものごと-する)
	間目含有	kamuykoyayrayke 神に感謝する(kamuy-ko-yayrayke 神-に-感謝する)　sinuye 刺青をする(si-nuye 自分に-彫りものをする)
	質副含有	pirka 良くある　wen 悪くある　poro 大きくある　pon 小さくある　sat 乾いている　iyupne 兄である(i-yup-ne もの-兄-である)　ihosiki 酒や乗り物に酔う(i-hosiki もの-酔う)
	質副接辞含有	esik〜でいっぱいになる(e-sik〜で-いっぱいになる)
	量副含有	arpa 一人で行く(ar-pa 一人-行く)　paye 二人以上で行く　osura 一つ投げる　osurpa 一つ以上投げる　tusano 病気がすっかり治る(tusa-no 治る-充分に)
	場副含有	sirepa 着く(sir-epa 土地-に着く)　ekimne 山に行く(e-kim-ne その-頭 / 山-である)　soyosma(家などから)外に飛び出す(soy-osma 外に-飛び出す)　worosma 水に落ちる(wor-osma 水中-突っ込む)
	場副接合含有	kohosari〜に向かって振り向く(ko-hosari〜に向かって-振り向く)
	時副含有	iyokane (皆の)後になる、遅れる(i-y-oka-ne 人-[挿入音]-の後-になる)
	名詞補語含有	inne 人数が多くいる(〈ir-ne 集合-である)　ritne(肉が)固い(〈rit-ne 筋-である)
	質副接辞含有	enisipane〜で金持ちになる(〈e-nisipa-ne〜で-長者-になる)
	複合含有	間目・直目 kotannnonnoitak 部落に呪いをかける(kotan-nonno-itak 部落-呪い?-しゃべる)　iirarare 貧しそうである(i-i-rara-re 人に-人を-ばかにする-させる)
		〈間接再帰〉yayiramure 正直である(yay-自分に i-ものごとを maru-考え re させる)　yaykocipkuta 自分の乗っている舟をひっくり返す(yay-自分 ko-に cip-舟を kuta ひっくり返して中身をぶちまける)
		場・量副 san 前へ一人で行く(sa-n 前へ-行く)　sap 前へ二人以上で行く　量・時副 arustekka〜を完全に消してしまう(ar-us-tek-ka 全く-消える-瞬間に-させる)

1）自動詞と他動詞

　動詞には自動詞と他動詞が区別される。1次元の時間の始めと終わりを認識する二つの事物が、主語と直接目的語であるならば、両者には二通りの関係が考えられる。つまり、両者が同一か否かである。主語と直接目的語が同一のときは主語が自らを変化させる自動詞になる。また、主語と直接目的語が同一でないときは主語が他者を変化させる他動詞になる。

　アイヌ語の自動詞と他動詞は、日本語と同じように動詞形態の変異で区別される。つまり、自動詞は-ke, -ka などの接辞によって他動詞に規則的に派生する；

ahun（入る）/ ahunke/ahunte（入れる）、asin（出る）/ asinke（出す）、nam（冷たい）/ namka（冷やす）、tuy（切れる）/ tuye（切る）。しかし、perke（破れる）/ pere（破る）、makke（開く）/ make（開ける）の対において-ke は自動詞化する接辞でもある。したがって、-ke は他動詞でも自動詞でも対比される動詞に移行することを示す接辞だと言える。

　文の構成要素を語順で区別する英語では、代名詞を用いて SVO の形式を保持し、他動詞であることを明確にする：I like it. けれども、言わなくてもわかる語を省略するアイヌ語や日本語では、直接目的語も省略されることがある。そこで、自動詞と他動詞は動詞の形態で区別する。

2）助詞前置動詞

　アイヌ語には、先に見た間接目的語を示す接辞だけでなく、助詞が前置された動詞が数多く見られる。

　後続名詞の前置詞を接辞で前置する動詞はラテン語に多く見られ、広く西欧語に共通している；importare＜portare in～（運ぶ ～の中に）。

　e-を前置する動詞では次のような例が挙げられる：earpa（～しに行く）（＜e-arpa に-行く）、eek（そのことで-来る）（＜e-ek～のことで-来る）、emina そのことで-笑う（＜e-mina～について-笑う）、easkay（できる）（＜e-askay～に関して-できる）。これらの例にみられるように、e-は「～へ」、「～に関して」、「～で（手段）」など多様な意味に使われる。

　また、アイヌ語の場合は助詞を動詞に前置するだけではなく、直接目的語などの動詞に関わる要素も含めて一つの動詞を形成する：enispane（～で長者になる）（＜e-nispa-ne それで-長者-になる）、eponcisekar（～のために小屋をつくって住まわせる）（＜e-pon-cise-kar そこに-小さな-家-をつくる）。

　前置といっても、後置された助詞が動詞について語の区切りが変わるだけである。そうすれば、名詞の入れ替えだけになる。例えば kaerikinmat（メス蜘蛛）（＜ka-e-rikin-mat 糸-で-登る-女）にある動詞で e-rikin（それで-登る）の区切りが多用されれば、それが一つの動詞とみなされる。

　o-を前置する動詞もある：oapkas（そこに通う）（＜o-apkas そこに-歩く）、oinkar（そこから見る）（＜o-inkar～から見る）、oiramun（（眠っている子供）を大事に見守ってくれる）（＜o-i-ram-un そこに-人の-心-がつく）、oikioyki（そこで何かごそごそそしている）（＜o-i-ki-oyki そこで-ものごとを-する（重複））

　間接目的語と結びつく ko-も場所の助詞だけでなく、様々な意味に使われる；koapkas（（～のところ）に通う）（＜ko-apkas～に向かって-歩く）、koarikiki（～に精を出す）（＜ko-ar-i-ki-ki～に-よく働く＜完全に-ものごとを-する（ことを-す

る））、otakosiru（砂をこすりつけて磨く）（＜ota-ko-siru 砂-と共に-こする）。

　助詞を外した名詞は、直接・間接目的語と同じ接辞で代名詞化される。例えば、esikannatki（〜と一緒に-回転する）（＜e-sikannatk）が「あなたと」という人称代名詞接辞を伴うと a＝e＝esikannatki（人が＝あなた＝と一緒に回る）になる。また、普通名詞の場合は直接目的語と同じように助詞なし名詞が動詞の前に来る。この名詞が省略されても、助詞が動詞に付いて残る（30）。すると、このような助詞つき自動詞は他動詞のように見える。そこで、田村（1966a）は esikannatki も erok（＜e-そこに rok 座る）（（神が）（そこ）に住む）も他動詞に分類する（田村（同書 p.70）は「自動詞にこれ（動詞前置助詞 e-（〜に関して））がつくと目的語を一つとる他動詞になり」と記している）。田村の例文（5）では aynu-itak epakasnu を「アイヌの-言葉を（O）　教える（V）」と分析している。

　だが、副詞句の助詞が動詞の接辞になっても、副詞句であることに変わりはない。「あなた＝（と一緒に）」や「そこ（に）」という副詞句は直接目的語ではないし、例文（5）の正確な意味は aynu-itak e pakasnu「アイヌの-言葉 について（副詞句）教える（V）」である。助詞が動詞にくっ付くのは、文字を持たないアイヌ語を表記する際の、語の切り方の違いでしかない。したがって、語の区切り方によって自動詞が他動詞になるという説は、納得しがたい。

3) 動詞における含有

　アイヌ語の動詞では副詞に加えて、主語、直接目的語、間接目的語の文の構成要素を含む動詞が多数みられる。これはアイヌ語の一語の音節数が少ないことに加えて、これらの文の構成要素が日本語の「が」「を」「に」のような助詞を伴わないことにも起因する。日本語でも単音節語から成り、助詞を伴わない漢語では「着火する＝火を着ける」のように直接目的語を含有したり、「親孝行する＝親に孝行する」のように間接目的語を含有する動詞が見られる。

① 主語含有

　図表 11 でみるとおり、主語を含有する他動詞は見出しがたい。佐藤（1992, p.196）は koyyanke（波が打ち上げる）（＜koy-yanke 波が-打ち上げる）や nisreyre（雲が静かに運ぶ）（＜nis-reyre 雲が-静かに運ぶ）を、他動詞が主語含有したものとしている。しかし、これらは ku＝koyyanke や ku＝nisreyre のように人称主語を伴う。また、主語を含んでも他動詞であるはずの koyyanke は自動詞になっている。このほかに eramutuy（〜にびっくりする）（＜e-ramu-tuy〜で-心が-切れる）や tumasnu（健康である）（＜tum-asnu 力が-充分ある）という自動詞も主語を含有しているが、それぞれ ku＝eramutuy、ku＝tumasnu と主語をとる。つまり、こ

れらは「私が＝波で-上がる」、「私が＝雲で-行く」、「私が＝心において-切れる」と、含有された主語が副詞に変化している。したがって、動詞に含有された要素が変化して、語源にすぎなくなることもある。

　自動詞では、特に時候を表す主語含有の例がいくつか挙げられる。

②　直接目的語含有

　他動詞が含有する直接目的語が主語と同一でない場合は、他を変化させる他動詞である。

　しかし、直接目的語が主語と同一である場合は、自己を変化させる自動詞である。他動詞が含む直接目的語が主語と同一の直接再帰代名詞（si-, yay-自分を）のときは、自動詞になる。これは英語で言えば、名詞化した動詞ではあるが、suicide（自殺）（＜sui-cide 自分を-殺すこと）と似ている。複数の u-（互いを）re-（させる）は集団内の相互再帰を表しており、これはスペイン語の再帰代名詞複数が「互いを」を意味するのに類する：nos respetamos（私たちは互いを尊重し合う）。そこで、含有された直接再帰目的代名詞は自動詞形成接辞と見ることもできる。

　直接目的語を含有する他動詞は他に直接目的語を取らないので、自動詞のように見える。しかし、他動詞と自動詞の区別は、あくまでも主語と直接目的語の同一性に依っている。

　また、語源として直接目的語を含んでいながら、別の目的語を取る他動詞もある。例えば eca（～の頭を切り取る）（＜e-ca その頭を-切り取る）は、turep a＝ecá（ウバユリの根を　私が＝葉切りする）のように直接目的語を含有していながら別の直接目的語をとる。これも「～を葉切りする」と直接目的語が動詞の一部になったり、「～の先端を斬る」と所有形容詞化する変化が見られる。同様に、okaramotte～を名残惜しく思う（＜oka-ram-otte その後-心-を～につける）も k＝ókaramotte p（私は＝名残惜しく思う そのことを）と別の直接目的語をとる。「心を」が「名残惜しく」といった質副詞に変化しているとみられる。

③　間接目的語含有

　間接目的語の項で見たとおり、間接目的語自体は含有していないが、間接目的語の存在を示す接辞 ko-を含む動詞は他動詞にも自動詞にもかなりある。

　間接目的語の有無は、他動詞と自動詞を区別しない。しかし、この区別が訳し出されないこともあるので、注意を要する。

　例えば koypak（（人）に罰を科す）（＜ko-i-pak（人）に-ものを-科す）は、直接目的語 i-を含有するので直接目的語を取らない自動詞である。この日本語訳は「（に）科罰する」である。

しかし、これをわかりやすくしようと、「（を）戒める」に言い換えると、間接目的語が直接目的語に訳されてしまうので注意を要する。

　　④　副詞含有
　動詞の修飾語を含有するものは、他動詞にも自動詞にも見られる。これには質・量・時・場副詞を含有するものと、存在動詞の副詞である補語を含有するものがある。
　アイヌ語において、日本語の「〜い」で終わるような形容詞はすべて、英語で言えば be ＋補語からなる、自動詞である。例えば poro（cise）（大きくある（家）＝（the house）which is big）でも、（ku＝）poro は「私は大きくなった＝（I）became big」でも、poro は自動詞である。hapur（柔らか<u>だ</u>、柔らか<u>である</u>）の例で見られるように、これらはアイヌ語ではすべて形容動詞とも呼べる自動詞である。補語は品詞を超越した動詞の修飾語で、名詞の場合もある。^{（注3）}

4）使　役
　「人に〜させる」という使役も、日本語と同じように、-re/-te などを動詞に付加するという形態の変異で表す：kor（持つ）/kor<u>e</u>（持たせる、与える）、ku（飲む）/ kur<u>e</u>（飲ませる）、nu（聞く）/ nur<u>e</u>（聞かせる）、kar（作る）/ kar<u>e</u>（作らせる）、nukar（見る）/ nukar<u>e</u>（見せる）、ek（来る）/ ek<u>te</u>（来させる）an（居る）/ an<u>te</u>（居させる）。
　注意すべきは、使役は他動詞化ではないということである。上記の「〜を持つ」「〜を飲む」「〜を聞く」「〜を作る」「〜を見る」は使役化される前も他動詞である。使役は「〜に〜させる」を意味し、そこに直接目的語が入るか否かは使役の問題ではない。

5）動詞における数
　utar（人々）のような複数名詞は別にして、アイヌ語の名詞に単複の区別はない。数の関心は静的な事物よりも、動的な変化に向けられている。

　　①　主　語
　アイヌ語では主語が単数か複数かによって、形の異なる動詞がある。これらは「単数主語動詞」と「複数主語動詞」と呼べる。例えば arpa（一人が歩く）（＜ar-pa 一人-歩く）は、主語が複数になると paye（二人以上が歩く）になる。この場合 pa が「歩く」を意味するようだが、ye の語源は不明である。このような単数主語と複数主語の区別は基本語に多く見られる；ek / arki（来る）、asin / asip（出

る）、uk / uyna（取る）、an / oka（ある / いる）等。しかし、arikiki/arikikipa（よく
働く＜ar-i-ki-ki 完全に-ものごとをすることを-する）、koykutaspa（二人以上が
〜のところに（招かれて）酒を飲みに行く / 来る）、eyaykosiramsuypa（二人以上が
〜を考えに考える）、ehawekoykipa（（二人以上が皆で）（〜のこと）で（人）を叱り
つける / どなりつける）等、複雑な意味をもつ動詞にも複数主語標 -pa を伴う例
がみいだせる。

　日本語では、主語の単複で動詞の形が変わることはない。英語では、主語の単
複は名詞で示し、現在時制の 3 人称単数主語だけを -s で特徴づける。これに対
して、アイヌ語では、主語の単複が二者択一的に動詞を選択する。

　②　直接目的語
　動詞の単複の区別が直接目的語による場合もある。例えば yaspa（二つ以上を
裂く）は「複数直接目的語動詞」であり、「単数直接目的語動詞」yasa（一つを裂
く）と対をなしている。直接目的語の単複は主語の単複よりも多くの動詞に見ら
れ、接辞 -pa も規則的である；ani（一つを手に持つ）/ anpa（二つ以上を手に持つ）、
cari（一つを散らす）/ carpa（二つ以上を散らす）、tuye（一つを切る）/ tuypa（二つ
以上を切る）、turi（一つを伸ばす）/ turpa（二つ以上を伸ばす）、resu（一つを育て
る）/ respa（二つ以上を育てる）。

　アイヌ語の動的な変化における数の関心は、変化の始めにある主語だけではな
く、変化の終わりにある直接目的語にも及んでいる。

　③　間接目的語（使役）
　「（〜に）〜させる」という使役接辞 -re には、間接目的語が不定人称の場合の
-yar という別の形態がある。これについて知里（1936, p. 108）は「使役される者
の複数を表はす形式に -yar がある」と記している。不定人称には単複の区別が
ないので、不定すなわち不特定多数とみることができる。（30）の eci = は「あな
たに」という単数の間接目的語である。この間接目的語が（31）の「村中の人々」
のように不特定多数のとき、ere（＜e-re）（食べ-させる）という使役動詞は eyar（＜
e-yar）（人々に食べさせる）になる。

（30）　nep ne yakka pirkano eci＝epáksnu eci＝nukáre rusuy.

（田村 1996a, p. 439）

（私は）何でもあなたによく教え、よく見せてあげたい。

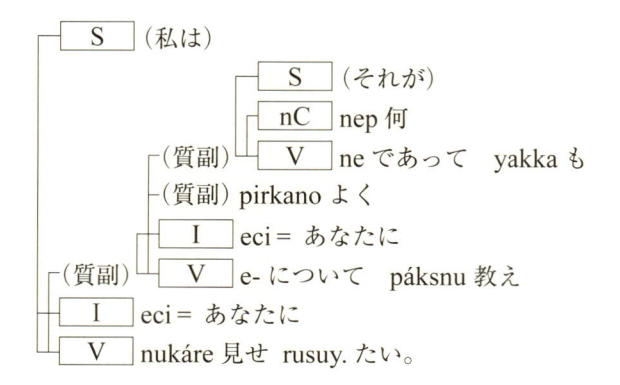

（31）　a＝kotanu epitta a＝eyar ayne　　（田村 1996a, pp. 149-50）

（乾し肉や乾し魚を）私の村中の人々に食べさせていたがとうとう…

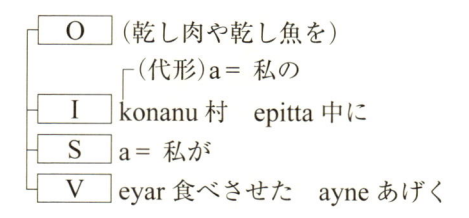

　以上のように、アイヌ語では、動詞で関係付けられる文の構成要素のすべて（主語、直接目的語、間接目的語）が動詞の形態に影響を及ぼし、動詞との関わりを深く刻み込んでいる。そして、省略されてもその痕跡を動詞に残すようにしている。

④　動作の回数

　同じ動詞の反復で「何回も」を意味する動詞がある：hesuye（頭を振る＜he-頭 suye 振る）＞hesuyesuye（何回も首を横に振る）、kiki（～を掻く）＞kikikiki（～を何回も掻く）、kupa（～を噛む）＞kupakupa（～を何回も噛む）等。

　日本語の動詞反復「食べ食べ」等は「食べながら」を意味するが、何度も口に運ぶという複数回と解することもできる。反復が複数を意味するのはむしろ名詞で、「人々」、「山々」等の「畳語」はマレー・インドネシア語の buku-buku（本の

複数)等、オーストロネシア語族の言語にも見られる。

　一方、中国語の動詞反復は「ちょっと〜（する）」を意味し、アイヌ語の動詞につく助詞 tek（nukat tek 見る ちょっと）に対応される。また、英語の動詞の反復（sleep sleep 等）は幼児語に見られ、これも複数回を意味しない。

⑤　擬音・擬態語の回数

　知里（1936, pp. 99-100）によると、擬音・擬態語にも一回態と多回態の区別があり、継起態（しきりに〜する）や持続態も動詞の形態で区別する；humkosanu（ブンと一つ音がする）、humumatki（ブンブン多量に音がする）、humrotoro, -rototke（ブンとしきりに鳴る）、humnatara（ブンブン鳴っている）（持続）。

　アイヌ語にも「ブンブン（日本語）」や ticktack（英語）のように擬音語自体を繰り返す動詞がある；píuntunke（クスクス笑う）、okorkorse（下の方で（鈴などが）コロコロ鳴る）、cokcoksekar（何度もキスをする）。けれども、アイヌ語が接辞で擬音・擬態語の回数等を表すのは、擬音・擬態語が単音節語と同音になりやすいからだと考えられる。こうして、接辞を定めておけば、擬音・擬態語であることが明確になる。

3.　形容詞

　形容詞は名詞の修飾語であり、形容詞句や形容詞節も含まれる。

　日本語の「〜い」で終わるような形容詞がアイヌ語では、存在動詞を含む自動詞であることはすでにみたとおりである。

　アイヌ語の形容詞では、sine（一つの）、tu（二つの）、re（三つの）といった数量形容詞があげられる。

　名詞修飾語として次に挙げられるのは前置名詞である。英語の book shop や漢語の書店と同じように、アイヌ語でも名詞の前に置かれる名詞は形容詞の働きをする。kanna（上の方の）（＜kan-na 上の-方）や pakna（下の方の）（＜pak-na 下の-方）といった場所を表す抽象名詞も名詞に前置されて形容詞の働きをする。

　形容詞句では、例えば英語の a letter from London のような、副詞句と同じ形をとる例として、mak ta ekasi（曽祖父）（＜昔 における 祖父）などが見いだせた。

　日本語で形容詞句につく助詞「の」はアイヌ語に存在せず、kor（持つ）や un（〜にある）といった動詞を含む形容詞節で表される。したがって、アイヌ語の形容詞の大部分は、前置名詞と形容詞節が占めている。

　アイヌ語の所有人称代形容詞は主語人称代名詞接辞と同形である。同形であっ

品詞			例
形容詞	質形容詞 makanak an どのようにあ る＝どんな ine どの	前置名詞	ape meru 火の粉　　cise kitay 家の屋根　　ku＝hapa 私の年齢
		形容詞句	mak ta ekasi 曽祖父（＜奥 / 昔 に 祖父）　mak ta huci 曽祖母（＜奥 / 昔 に 祖母）
		形容詞節	pon cise 小さくある家　pirka satkam おいしくある干し肉　iyupne kur 兄である人　ku＝kor hapo 私が持つ母（私の母）　te un huci ここにいるお婆さん（この家のお婆さん）　a＝e p 人が＝食べるもの（食べ物）　c(i)＝e p 私どもが食べるもの（魚）　a＝kor itak 人が＝持つ言葉（自分の言葉）　i＝rura kunak ye utar 私を＝送っていくと言う 人たち　cinoye kuwa ねじれた木の杖（ci-noye 私どもが-ねじった＝された-ねじる）
	量形容詞 hempak いくつの	形容詞	sine 一個 / 人の　tu 二個 / 人の　re 三個 / 人の　ine 四つの　iwan 六つの、多くの　wan 十の
		形容詞節	asike-ne 五つある　hot-ne 二十である　inehot-ne 八十である　poro 多くある　pon 少なくある　sik 満ちた　ehaye 足りていない　moyo（人数が）少なくある　oha 空っぽである
	場形容詞 hunak どこの hunak ta an どこにある	前置名詞	kanna 上の方の　pakna 下の方の　suwop ka 箱の上 cise soy 家の外
		序数形容詞	hoski 最初の　tu-otutanu 二番目の　re-otutanu 三番目の　ine-otutanu 四番目の　tutanu 第二の、次の（＜次に（副詞））
		形容詞節	hanke 近くにある　tuyma 遠くにある　kim-un-kamuy 山に-いる-神（熊）
	時形容詞 hempara いつの？ （未確認）	前置名詞	kunne(-cup) 夜の（月 / 日）（＝月）tokap(-cup) 昼の（月 / 日）（＝太陽）teeta(oruspe) 昔の（話）
		形容詞節	otu sasuysir ore sasuysir céomare 二十代も三十代も続いている（＊ただし名詞を形容する例は未確認）

ても名詞の前にあれば形容詞で、動詞の前にあれば主語接辞だと語順で区別できる。

　日本語のように助詞ではなく、同じ形の語の品詞を位置で区別する方法は、中国語や英語の他にマレー語・インドネシア語にも見られる；Saya Yamada.（私は山田（です））、nama saya（名前 私の）。

図表13　アイヌ語の所有人称代形容詞

人称		所有形容詞（の） 例：ku＝saha 私の姉	所有形容詞 （の＋位置名詞） 例：en＝corpok 私の下
1	単	ku＝	en＝
	複	ci＝	un＝
2	単	e＝	e＝
	複	eci＝	eci＝
3	単	なし	なし
	複		
不定	単	a＝	i＝
	複		

4．副 詞

　どの言語でも場副詞や時副詞は句で表されることが多い。なぜなら、場所は事物との位置関係において示され、時間は時間を表す名詞で示されるからである。時間を表す名詞はそれだけで時間を位置づけられるので、名詞が副詞化することが多い：今日 / 今週 / 今月 / 今年（に）、（in）today/this week/this month/this year 等。アイヌ語でも tap（たった今）や tanto（今日）などは名詞がそのまま副詞になる。けれども、tanto ne（今日 に）や nisatta（明日に）（＜nisat-ta あさぼらけ-に）のように、助詞を伴うことも多くみられる。

　このほかにもアイヌ語では様々な接辞が副詞の働きをして、動詞に含有されていることもある：ar-(hure)（真っ（赤である））、toy-(akkari)（はるかに（越えて））、wen-(ruy)（ひどく（激しくある））等。

　日本語では、量形容詞と量副詞を使い分ける。（32）の量形容詞「一冊の（本）」はそれだけしかないことを表す。一方、（33）の「一冊（借りる）」はたくさんある中の一冊を指している。同様に「姉が一人嫁ぐ」も「スズメが三羽とまっている」も、複数の中の一部であることを表している。

　そして、（34-35）の例を見ると、アイヌ語にもこの区別があることが考えられる。つまり、量形容詞「三人の男」はそれだけしかいないが、量副詞「手桶を二つ」は複数の中の「二つ」だとみられる。

<table>

図表 14　アイヌ語の副詞

品詞		例	
副詞	質副詞 makanak どのように hemanta kusu なぜ	動詞派生副詞	pirkano 良く　wenno 悪く　tunasno 早く　sonno 本当に ratcitara 静かに
		副詞句	makiri ani 小刀で　tekehe ari 手で　Aynu-puri ani アイヌの流儀で
		副詞節	arikiki wa 頑張って　siketokna wa 全く見覚えがなく a＝nurappa kor 供養しながら　onne＝an ruwe ne korka 年を取ったので
	量副詞 makpak いくら どれほど	副詞	eytasa とても、極度に(ipe ka)somo(ki)（食べることをもし）ない　itekke(ioyra no)（忘れ）ない（で）
		動詞派生副詞	sino まことに、非常に　poronno たくさん　ponno 少し yani ほとんど（する）　aponko そんなにたくさん
		副詞節	huci ekuskonna <u>poro</u> rimimse 祖母が突然<u>大きく</u>叫ぶ
		倍数詞	tut(k)o 二日間　reto/rerko 三日間 tusuy 2 回　resuy 3 回　ear 一つだけ
	場副詞 hunak ta どこで	副詞（＜副詞句・節）	hopera 川上から（＜ho-pe-ra 尻-川上-(?)）　hopasi 川下から（＜ho-pa-as 尻を-川下-立てる）　ohorka 後ろ向きに（＜o-horka その尻-逆方向に）　ehorka 逆向きに（＜e-horka その頭-逆に）
		名詞	<u>upsoro</u> omare <u>懐</u>に入れる
		副詞句	soy ta 外で　konru ka ta 氷の上で　petkus ta 川向うに una or peka 灰の所に
		副詞節	cisekohorak＝as usi un 家と一緒に潰れた場所に upepe wakka pet ka poro hi ora 雪解け水で川も大きくなったところから
	時副詞 hempara いつ	副詞	teta 先頃　hoski 先に　iruka 少しの間　ésir さっき
		派生副詞	ohonno 長い間（＜ohor no 長く続く　-no［副詞形成］）
		名詞	tap たった今　tanto 今日　tanpa 今年　kunne 夜に tokap 昼間に　mata 冬に
		副詞句	too paha ta その年に　atpake ta 最初に
		副詞節	nisatta ne 明日になって　mata an ounno 冬になってから ku＝ekimne kor 私が山に行くとき　toyta＝an konno 私が耕すとき　ku＝pon hi wano 私が小さい時から

</table>

（32）　ここに一冊の本がある。　　　　　　［量形容詞］

（33）　図書館から本を一冊借りてくる。［量副詞］

（34）　petkus wa re okkayo arkipa hine　夜襲　　　　［量形容詞］
　　　　川向うから三人の男が来て

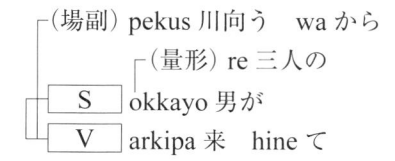

（35）　tewki tup a＝kor kane wa 手桶を二つ持って　月　　　　［量副詞］

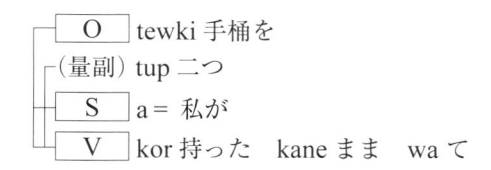

　事物の数量がゼロのときは「否定」になる。否定は、多から少を経て無に至る段階において捉えられる：「たくさん」＜「かなり」＜「少し」＜「ほとんど〜ない」＜「ない」＜「まったく〜ない」。各要素を否定する部分否定は、「青くない空」のようにその要素だけの否定になる。そして、文全体を否定するにはすべての構成要素を結び付けている動詞が否定される。したがって、文の否定は量副詞で表される。

　アイヌ語の動詞否定は、英語と同じように somo（＝not）を動詞の前に置く。この点は「ない」を動詞の後に置く日本語と異なる。

　さらに、アイヌ語では否定、すなわちゼロ量の副詞を含有した動詞すなわち「否定動詞」も見いだせる：isam（なくなる）、sak（欠く）、eaykap（できない）、eramiskari（見知らぬ）、erampewtek（知らない）等。

（36）　núman somo k＝ek.　　　（田村 1996a, p. 674）
昨日私は来なかった。

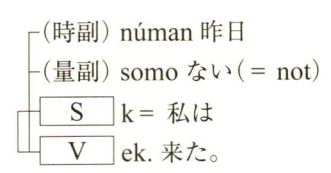

（37）　"taa koraci wen iki somo a＝ki kun pe ne na"　　　酒宴
「この通り悪い行いはすべきでないのだぞ」

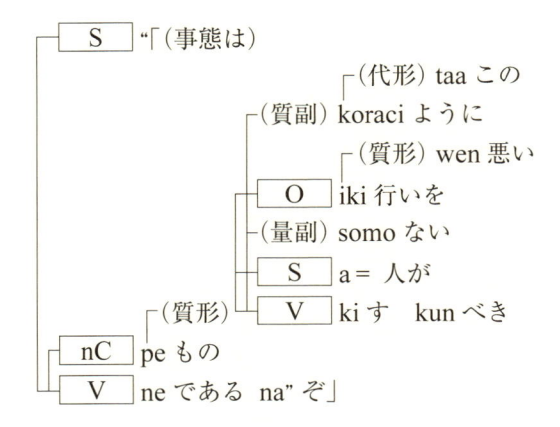

　また、semsetakno（だいぶ長い間［雅語］（＜sem-setak-no ない−短い間−副詞接辞）等に見られる否定接辞 sem- が、副詞接辞 -no を伴った senne（＜sem-ne）も挙げられる。

　日本語訳の「少なく<u>ない</u>」は形容詞を否定しているが、アイヌ語では「少なくある」という動詞である。したがって、この senne も副詞である。

（38）　senne（＜sem-ne）moyo　　　（知里 1936, p. 153）
少なくない

　　　┌（量副）senne ない（＝ not）
　┌V┐moyo 少なくある

　また、動詞の否定は、動詞を名詞化して「することをしない」と、他動詞 ki

（する）の直接目的語にする。（例文（19）を参照のこと）

(39) 　wakkata　ka somo ki no　　　月
　　　　水汲みもしないで

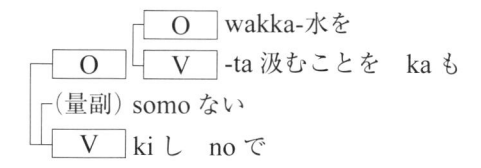

また、否定命令には iteki/e を前置する。

(40)　itomoitak＝an hike-ka nea kamuy utar nu hawe ka isam　　　酒宴
　　　　私がなだめても、その神々が聞くこともなく

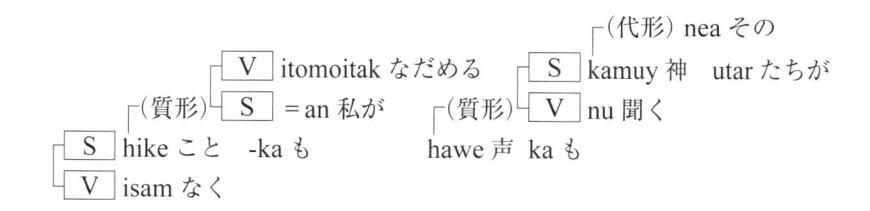

(41)　iteke toranne yan.　　　ステノ
　　　（二人とも）怠けてはいけません。

```
　　┌（量副）iteke な（＝ not）
 V ┤
     toranne 怠ける　yan. よ。
```

5. 助　詞

　日本語では、名詞や動詞に付属する語で活用があるのが助動詞、活用がないのが助詞とされている。しかし、アイヌ語の品詞に活用はない。日本語のように名詞に続く連体形（形容詞）、動詞に続く連用形（副詞）といった品詞派生の活用もないし、英語のように主語人称や時制によって動詞の形態が変わる活用もない。

　したがって、日本語でいう助動詞は存在せず、形式的にはすべて助詞であ

る。^(注4)

　アイヌ語では動詞や動詞を含む節が助詞の役割をする場合がある。例えば ku = kor seta を「私＝の 犬」と訳すと kor が「の」になってしまうが、本来は「私が＝持つ 犬」である。Iskar un nispa も「石狩の長者」だと un が「の」になるが、un は「にいる」という動詞である。anakne（は）も an-yak（ある-すれば）という副詞節に由来する。

　また、例えば aynu ne（人間 である）は、「人間に<u>なって</u>」という副詞節から「人間として」という副詞句の訳になる。また、補語の場合も「人間で<u>ある</u>ものに」という副詞節から「人間に」という副詞句で訳される（135-37）。すると、ne という動詞は「（であるもの）に」と略されて助詞「に」に相当する。

　助詞の用法は文脈によっており、名詞につくから動詞につかないとも明言できない。本書で扱った沙流方言を主としたデータを見る限り、よく使われていたものを図表 15 に挙げておく。

1）名詞につく助詞

　図表 2 で見たとおり、アイヌ語には文の構成要素（主語、直接目的語、間接目的語）を区別する助詞はない。ただし、間接目的語には、他の多くの言語と同じく、場を示す助詞 eun（に向かって、へ）がつくことがある。

　日本語では、「名詞＋の」で形容詞句を形成する。この「の」に当たる助詞は、アイヌ語に見当たらない。

　形容詞の項目で見たとおり、助詞がなくても名詞に前置された名詞は、英語や漢語と同じように、形容詞の働きをする。

　アイヌ語は英語や中国語と同様に、単音節語が多く、前置・後置詞や語形変化が語をわかりにくくするので、厳密な語順で要素を区別する。

2）動詞につく助詞

　例えば wakka ku＝ku rusuy（水を 私が＝飲み たい）の rusuy は、日本語の助動詞「たい」に相当するが、アイヌ語では活用のない助詞である。^(注5) これに類する助詞は、図表 15 にあるとおりである。

3）限定助詞

　(42)の助詞 anakne（は）や ka（も）は、取り去っても語の役割は変わらない。これらの助詞は付属する語の範囲を限定するので、「限定助詞」と呼べる。そして、日本語の「は」「も」「さえ」「こそ」などに対応される。^(注6)

(42)　te wano anakne e = kotanu anakne a = wente ka somo ki.　　ゼンマイ
　　　これからはあなたの村は滅ぼすことはしません。

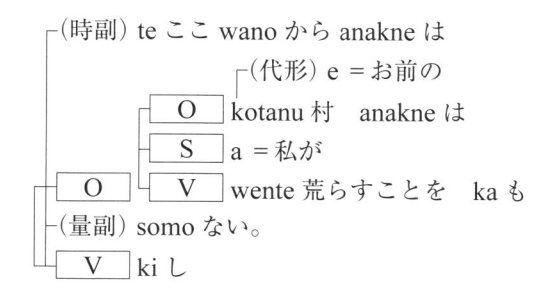

4）接続助詞

　接続助詞は語や文を接続する。

　アイヌ語はいくつも文をつなげて展開するが、その際、文末に接続助詞がつく。ただし、その使用法は多様である。

　例えば後に見る（91）では a = mataki a = saha utar a = onaha a = unuhu utar（妹や姉さんたちや父母たち）のように、名詞を羅列するだけで「と」という接続助詞は用いない場合もある。けれども、（113）等の名詞をつなげる接続助詞 usa（やら）は一つ一つの名詞に前置されている。

5）終助詞

　終助詞は文につく助詞である。日本語の「よ」「ね」「か」などと同じように、文末で断定、同意、疑問、命令など、文全体の役割を表現する。

図表 15　アイヌ語の助詞

助詞の種類	助詞	例
名詞につく助詞	ta そこに/で＜そこに（場代副詞）	a＝kotanu ta 私の＝村 に
	un にある/いる＜くはまる（動詞）	Iskar emko un nispa 石狩の 上流の 長者
	ne になって＜である/になる（動詞）	pon nitay ne as 小さい 林 として 立つ
	kor の＜持つ（動詞）	a＝kor poho 私＝の 子供
	ani でもって＜手に持つ（動詞）	wentarap ani 夢　で
	tura 共に＜同伴する（動詞）	nupe tura 涙と　ともに
	wa（no）から	te wano これ から
	pakno まで	ney pakno いつ までも
	名詞＋he か	nep he e＝ki wa　何かお前が＝して
動詞につく助詞	rusuy したい	arpa＝an rusuy 行き＝私が たい
	ranke しょっちゅう～する	sini＝an ranke kor　休み＝私が しょっちゅう ながら
	tek ちょっと～する	k＝oyra tek 私は＝忘れた ちょっと
	nankor だろう	pokor nankor 子を持つ　だろう
	kaspa しすぎる	onne kaspa ka somo ki　年を取り　すぎ も　しない
	kuni するべきだ	koyayowpekare kuni 仲良くする ように
	yan なさい（二人以上が）	poronno ipere yan　たくさん 食べさせ なさい
	ro しよう	hetak ahup＝an ro　早く 入り＝私たちが ましょう
	a した	ramu a korka 思っ た けれど
	rok（二人以上が/二つ以上を）した	a＝koarikiki rok ayne 私が＝頑張っ た あげく
	aan したんだな	tusaha ne aan 袖　だっ　たんだな
限定助詞	anakne は	okkaypo utar anakne 男 たち は
	ka も	nan ka pirpa 顔 も 拭く
	patek だけ、ばかり	cis kor patek an 泣い て ばかり いる
	hene でも	eci＝yayattasa hene ki お前たちが＝返礼 する でも する

接続助詞	wa して	i＝eyam wa 私を＝大切に して
	hine して、したとき	poro pitar an hine 大きい 河原が あって
	ayne あげく	oripak＝an ayne 遠慮した＝私が あげく
	kor ながら	hawean kor 言い ながら
	kane ながら	i＝tura kane wa 私を＝連れ ながら して
	yakun ならば	i＝kore yakun 私に＝くれる ならば
	korka けれども	yayewen korka 体が不自由だ けれど
	yakka しても	ekimne＝an yakka 山に行っ＝私が ても
	yak すれば	ukoytak yak pirka 互いに話す と よい
	sekor と	sekor a＝ye と 私が＝言う
	kusu ゆえに	pewre＝an pe ne kusu 若い＝私は もの だ から
	ya とか	usa aep ne ya pirkep ne ya 色々 食べ物 だ とか 穀物 だ とか
終助詞	ya か（疑問）	mak ne wa ne ya どう し て だ か
	na よ、ね	panko ku＝ye na ここまで 私が＝話した よ
	wa わ、よ	prika wa いい よ

IV. | アイヌ語の文型

1. 文型頻度

　アイヌ語はクモの巣状に文が内包されていくので、一つの文には多数の従属文が含まれる。そこで、ここではこれらの従属文も一つの文として、その文型を分析した（同じ文型の要素は順不同で、例えば VS も SV に含まれる）。

　図表 16 は上田トシ（沙流）の民話（ウエペケレ）「六重」（データの略語は、巻末を参照されたい）の文型頻度であるが、SV、V、CV の順に頻度が高かった。同じ語り手の民話「夜襲」をデータとした図表 17 も、OSV と OV の順番が多少異なるが、概ね同じような頻度を示している。

図表 16　六重（653 例中）

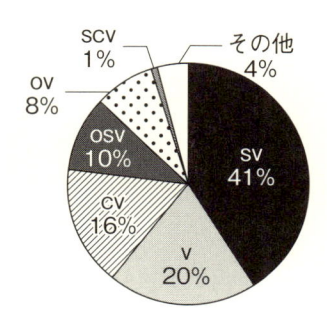

図表 17　夜襲（569 例中）

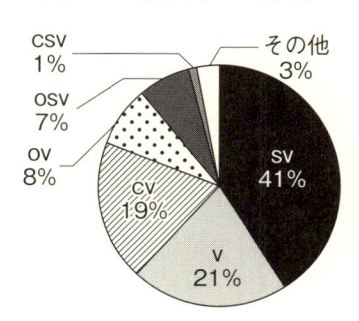

　図表 18 は異なる語り手、織田ステノ（静内）のイコペプカ（略号「ステノ」）は若い時の思い出話の文型頻度で、文体も異なっている。これを図表 16 と図表 17 と比べてみると、OSV と CV の頻度が逆になっているものの上位の SV と V の割合はほぼ一致している。

　図表 19 は知里幸恵（幌別）の「銀の滴」の文型頻度である。これを図表 16-19，と比べてみると、文型は多様であるものの、SV、V の順は四つの図表とも同じである。また、SV、V に OSV が続く順位は図表 18 と共通している。

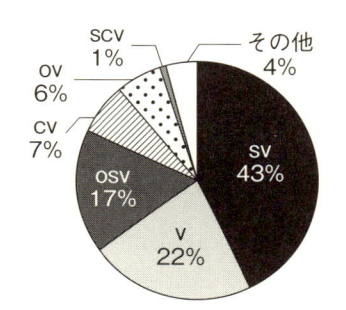

図表 18　ステノ（352 例中）

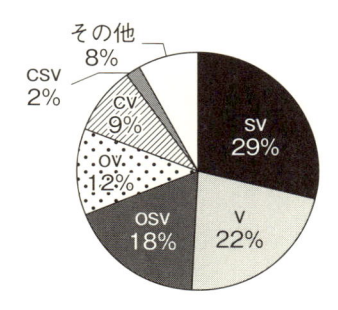

図表 19　銀の滴（306 例中）

　図表 16-19 を総合したのが図表 20 である。これらのテキストにおいては、SV が最も多く、V と合わせて 60％ を占めている。それに、CV と OSV が続いている。

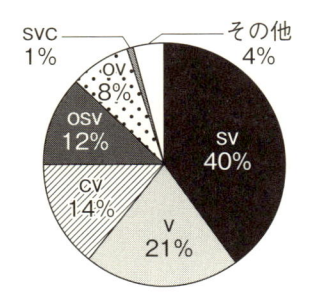

図表 20　アイヌ語文型（1,880 例中）

　図表 21 は中川裕・中本ムツ子（2004）（千歳）の文型頻度であり、図表 22 は中川裕（2009）（沙流）のアイヌ語学習書の本文の文型頻度である。図表 21 も上位 3 位までの文型は図表 16-19 と同じで、SV が 1 位であることに変わりはない。ただし、OSV の頻度が V よりも高くなっているのは、学習者向けに省略の多い V の文型を避けたためだと思われる。図表 22 も SV が最も多く、OSV がこれに次ぐのは図表 21 と同じである。しかし、ここでは CV の頻度が高く、V の頻度が低いのが特徴的である。要するに、これらの学習書では SOV が多く、V が少な

いなど、図表16-20と分布を異にしている。この理由は、内容が物語ではなく会話であり、学習者の視点に立っているためだと考えられる。

図表21　中川（2004）（151例中）

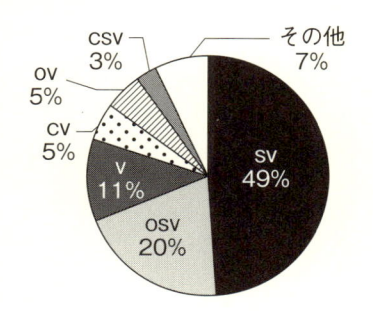

図表22　中川（2009）（116例中）

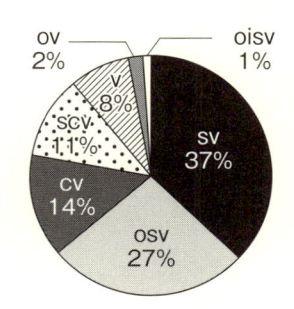

別の文体も見てみよう。「オンネ（老いた）パシクル（カラス）」というのは、概ねこの言葉から始まる語り物で、語り手によってさまざまに異なる。図表23の「オンネパシクル1」の始まりは、(22)のとおりである。これらは「何がどうした」というSVの疑問文に対して、疑問文にある主語Sを省略してVやOVで答えることの繰り返しである。答えの多くは「～してしまった」で終わるので、副詞節＋Vの文型になる。このようなテキストの場合は図表23、24ともに文型頻度が一定になる。

（43）　Onne pashkur ine?　　　大谷（1996）
　　　年寄　鳥は　どうした？
　　　　　　　S　　　V

　　　Kamutachi tak-kusu oman!
　　　麹を　　取り-に 行った。
　　　 O　　　　　　　V

　　　Ne　kamtachi ine?
　　　其の 麹は　　何うした？
　　　　　　　S　　　V

　　　Sake　　a　　kar　wa isam!
　　　酒を（人が）造っ　て　しまった。
　　　副詞節　　　　V

　　　Ne　　sake ine?
　　　其の　酒は 何うした？
　　　　　　　S　　V

　　　A　　　ku　　wa　isam!
　　　（人が）飲ん　で　しまった
　　　副詞節　　　　　V

　　　A　　ku　　ike　ine?
　　　（人が）飲んだ のは 何うした？
　　　　　　　　　　　S　　V

図表 23　オンネ 1（41 例中）

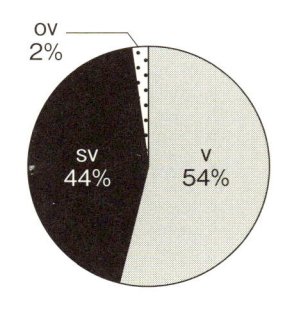

図表 24　オンネ 2（28 例中）

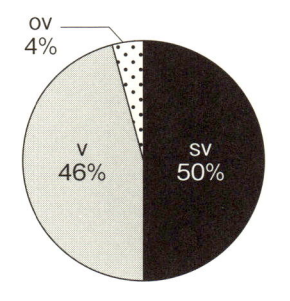

　アイヌ語の文型（図表 20）を、さまざまなテキスト[注7]で分析した日本語の文型頻度と（図表 25）と比べてみると、上位の 6 文型は共通しており、SV が 1 位であることも一致している。しかし、日本語で 2 位の SCV が、アイヌ語では 1 ％

ほどしかない。この理由は、複文が連続するアイヌ語では SCV の「〜は〜である」と主語の属性だけを述べる文が少ないからだ考えられる。

　アイヌ語（図表20）と英語のさまざまなテキストを対象とした文型頻度（図表26）を比較して見る。SV が 1 位であるのはアイヌ語や日本語と同じであり、SVC が日本語やアイヌ語より多いのも、主語の属性だけを述べる文の多さを物語る。また、英語では V がアイヌ語より圧倒的に少ない代わりに、SOV がアイヌ語の 2 倍の頻度で 2 位になっている。この理由は、語順が重視される英語では要素が省略されにくいのに対して、アイヌ語では日本語と同様に、言わなくてもわかる要素が省略されるからだと考えられる。

図表 25　日本語の文型頻度（1,536 例中）　　図表 26　英語の文型頻度（3,022 例中）

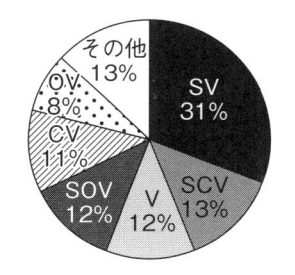 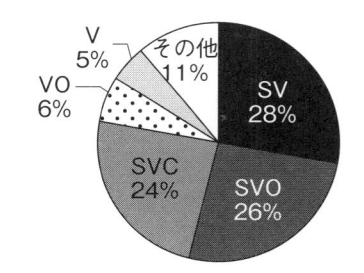

　アイヌ語、日本語、英語の文型を図表27で比較すると、アイヌ語は SV と V の文型に集中していることがわかる。要素をあまり省略しない英語は最も文型が多様で、日本語は SVC 以外はアイヌ語と類似している。ただし、日本語ではアイヌ語では見出しがたい SC もかなりある。この理由は二つ考えられる。一つは、アイヌ語の形容詞補語は動詞と一体化した自動詞なので、SC にはならないからである。次に、アイヌ語では名詞が二つ並ぶと前置名詞が形容詞になるので、名詞主語と名詞補語が並ぶ SC は表れにくいからである。

　また、副詞だけの文がアイヌ語にほとんど見られないのは、分析対象が主に物語であり、英語のような会話ではないからだと見られる。

　全体として、英語や日本語に比べるとアイヌ語は文型の種類が少ない。その理由は次のように考えられる。

　第一に、アイヌ語は要素の省略が可能なので、少ない要素の文型に集約される。つまり、SVO も SVC も SV や V になったりする。特に本書のアイヌ語資料は主に物語文で、従属文が連なる長文が多い。このため、前述の語を繰り返さない省略が多く見られた。

　第二に、アイヌ語 3 人称以外の人称（1・2・不定人称）は、語順の定まった動

詞接辞が義務づけられている。したがって、語順に選択の余地がない。

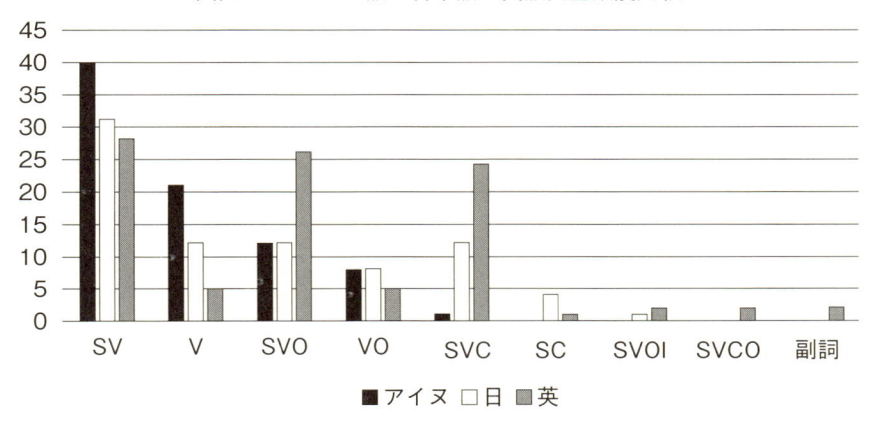

図表 27　アイヌ語・日本語・英語文型頻度比較

図表 28 と 29 は、「六重」「夜襲」「ステノ」「銀の滴」からランダムに抜き出した文から採取した修飾語（副詞 484 例、形容詞 63 例）における質、量、場、時の割合を示している。

アイヌ語の副詞（図表 28）と形容詞（図表 29）を比べてみると、副詞では場が37％で最も多いが、形容詞では 5％にすぎない。形容詞では質が圧倒的に多く、副詞でも質は場に次いで 36％にのぼる。

日本語の副詞（1,866 例中）の図表 30 と比べても、アイヌ語の場副詞の多さが際立っている。また、日本語の形容詞（666 例中）の図表 31 と比べて、日本語では 3％しかない量形容詞が、アイヌ語では 19％もある

日本語と比べてアイヌ語では動詞が表す変化の「場」に関心が高い。また、事物においては日本語よりも「量」に注目しているといえる。

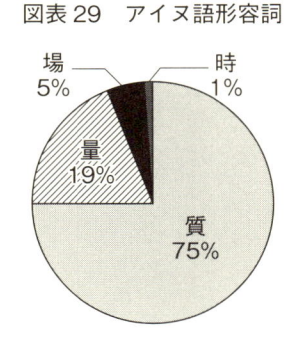

図表 28　アイヌ語副詞　　　　図表 29　アイヌ語形容詞

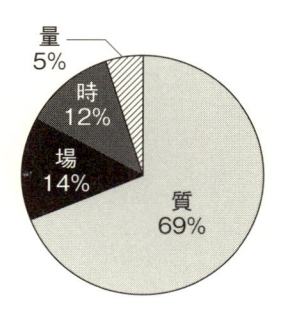 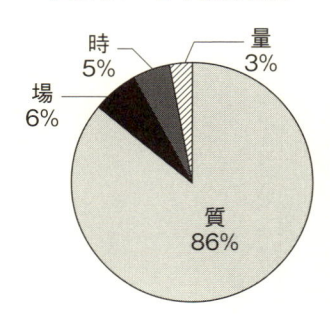

図表 30　日本語副詞　　　　　　　　図表 31　日本語形容詞

2.　文の樹形図

　文の構造を明らかにするには、すべての要素の相関を示す必要がある。そのために、文の樹形図において位置づける。この樹形図の要素は文の深層構造の要素であり、SVIO とその修飾語である。^(注 8)

　樹形図において、一語はなるべく分解して構文に組み入れた。しかし、語構成が不明な場合や構文と矛盾する場合は、切り離さずに一語とした。

1）SV

　アイヌ語で最も頻度が高いのがこの SV であった。

　この文型になるのは、第一に、1 人称単数主語と 2・3 人称主語の自動詞である。図表 3 にある 3 人称主語代名詞はほとんど使われることがなく、たいていは普通名詞または固有名詞 で表される（44-48）。

　（46）のように疑問代動詞 ine（どうした / どうである）で副詞と動詞、補語と動詞が一つになっているのも、アイヌ語の動詞の抱合的な特徴を表している。

　　　（44）　Pananpe an.　　　　放屁
　　　　　　パナンペという人がいた。

　　　　　　┌─S─┐ Pananpe パナンペが
　　　　　　└─V─┘ an. あった。

（45） onne kur rupnemat an.　　　夜襲
おじいさんとおばあさんがいた。

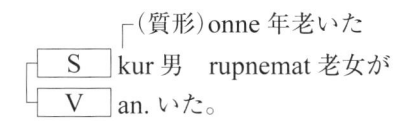

（46） Onne paskur ine?　　　オンネ 1
年老いた カラスは どうした。

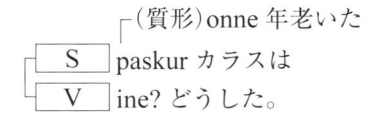

（47） e＝wakkata kusu e＝arpa kusu　　　白い犬
おまえが水汲みに行って

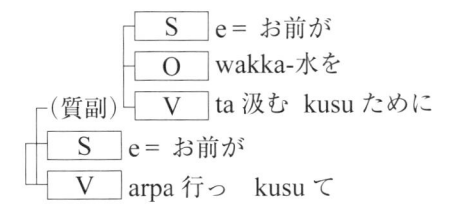

（48） ona ka unu ka a＝kor pe ne aan hine　　　六重
私にも父や母がいて

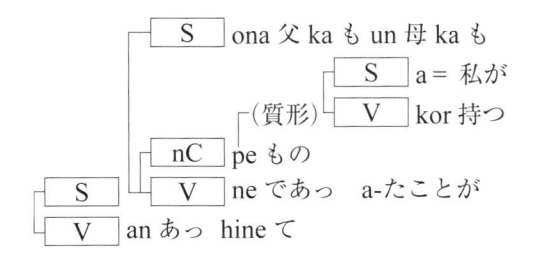

　以上のような SV 型では、日本語で補助動詞とされる（49）（52）の oka（（て）い
る）や英語の進行形にあたる（50）の（kor）an（（しつつ）ある）もアイヌ語では独自

53

の主語を取る本動詞である（例えば後に見る（62）では、kemeyki＝an kor an＝an（針仕事する＝私が つつ ある＝私が）と、「〜しつつ」にも「〜ある」にもそれぞれに主語がある）。また、（51）は文末で文全体を従属節にするクモの巣構文のSV 文型である。さらに、（52）では yuputari（兄たちが）an（いた）という SV をいくつもの複文で修飾したクモの巣構文も見られる。

　なお、日本語の「〜い」で終わる形容詞はアイヌ語では補語を含有した自動詞になるので、形容詞補語（ajC）は見いだせない。したがって、大部分は名詞補語（nC）であるが、（52）の疑問代副詞 mak や代副詞「そのように」が補語になる場合は、副詞補語（avC）になる。

（49）　a＝utari anakne oppita tane ray wa oka.　　　夜襲
　　　　村人は皆すでに死んでしまっている。

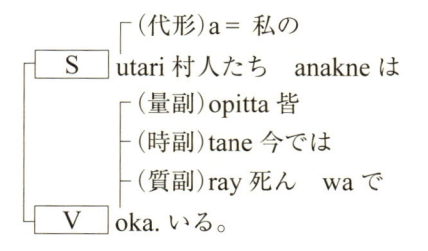

（50）　cise soy ta pon tennep tetterke kor sinot kor an.　　　木彫り
　　　　家の外で赤ん坊がよちよち歩いて遊んでいる。

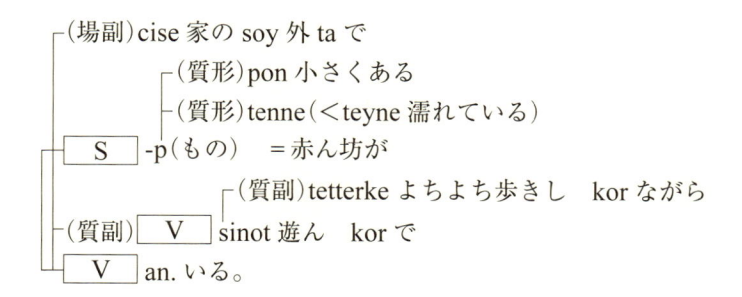

（51）　hinak wa ene e＝ek ruwe an.　　　ヨノコ
　　　　あなたはどこから来たのですか。

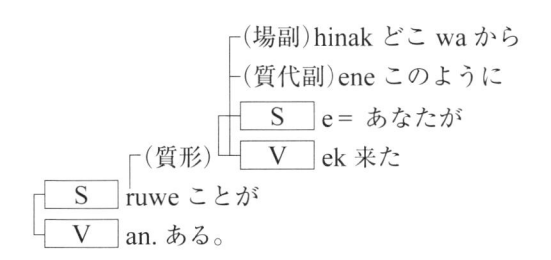

（52）　mak ne wa ne ya a＝yuputari mat etunpa ka somo ki no oka.　　　六重
　　　　どういうわけか兄達は妻をもらうことをもせずにいた。

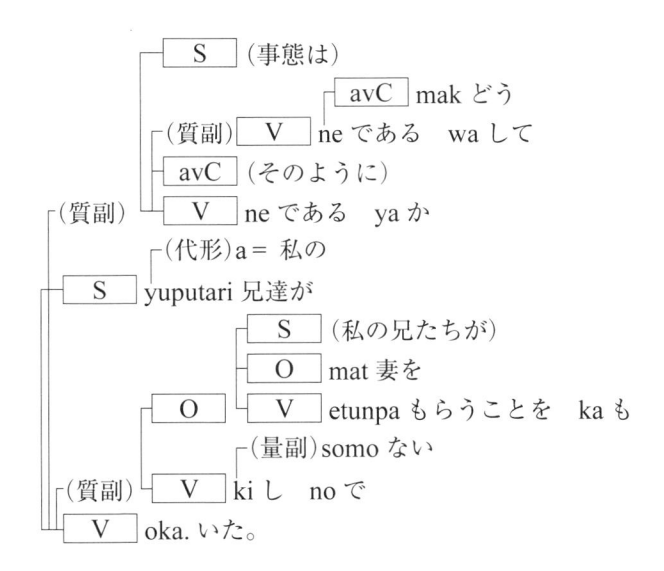

　主語含有動詞も SV の文型になる（53-54）。動詞に含有されていても、深層構造において主語が存在していることに変わりはない。語に分けるかかどうかは、言語によって異なる。

(53) tanto anak tane shirkunne kushu　　　銀の滴
今日はもう日も暮れましたから

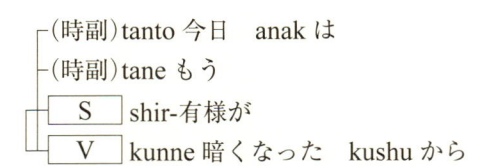

(時副)tanto 今日　anak は
(時副)tane もう
S　shir-有様が
V　kunne 暗くなった　kushu から

(54) aynu kotan a = wente kane siran hike　　　シマフ
人間の村がだめにされている有様なのに

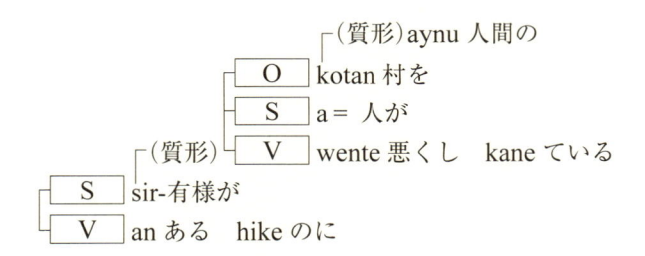

(質形)aynu 人間の
O　kotan 村を
S　a = 人が
(質形)
V　wente 悪くし　kane ている
S　sir-有様が
V　an ある　hike のに

　引用文中で「私（ども/たち）」が主語のとき、自動詞は主語に前置されるので（図表4）、VS の語順になる（55-63）。

(55) "teta a = sike ka opitta a = nuyna wa paye = an ro"　　　六重
「ここに荷物も全部隠していこう」

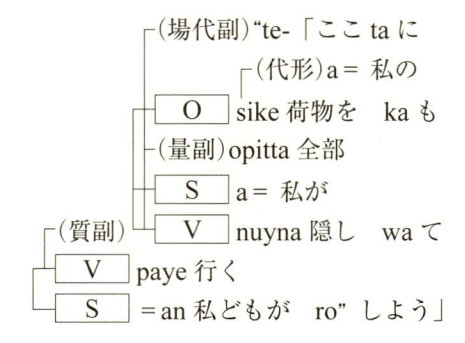

(場代副)"te-「ここ ta に
(代形)a = 私の
O　sike 荷物を　ka も
(量副)opitta 全部
S　a = 私が
V　nuyna 隠し　wa て
(質副)
V　paye 行く
S　=an 私どもが　ro" しよう」

56

（56）　a＝sa unihi ne an uske ta arki＝an-pa.　　　夜襲
　　　　私の姉の家に到着した。

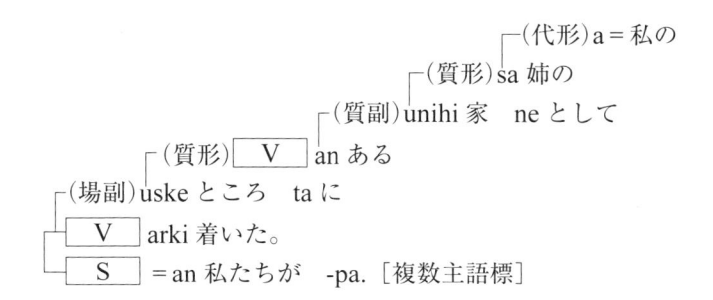

（57）　Iskar putuhu un nepkiearpa＝an kor Iskar putuhu un nispa turano
　　　　ukotokuye kor＝an wa ukonepki＝an kor oka＝an.　　　ネコ
　　　　イシカリの河口へ私が働きに行くとイシカリの河口に住む旦那さん
　　　　と親しい友人になって一緒に働いていた。

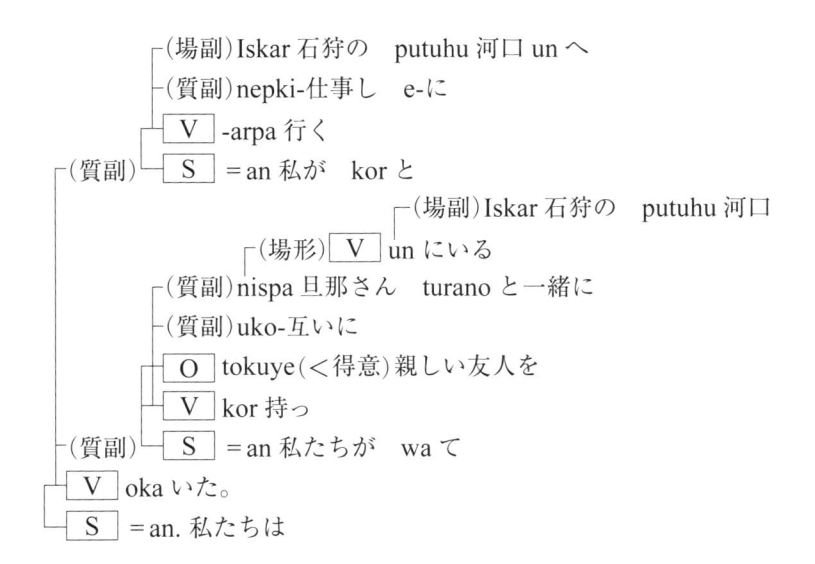

（58） soy ta soyene＝an wa sem otta arpa＝an wa　　　月
俺は外に出て物置きに行って

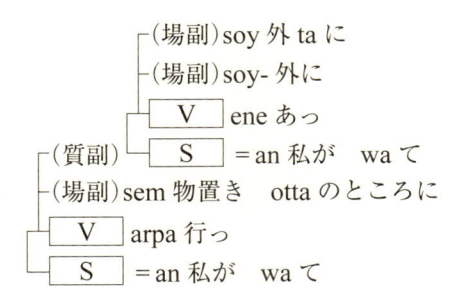

（59） sinean pa ta suy pa parka kusu aynu kotan or ta sap＝an ki na.
酒宴
ある年にまた、豊作なので人間の村に私は下りたのさ。

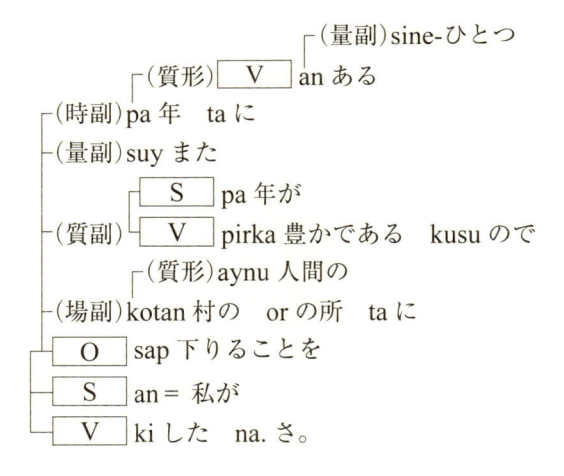

（60）　nea cep a＝se kane oka＝an hine　　　カワ
　　　その魚を私は背負っていて

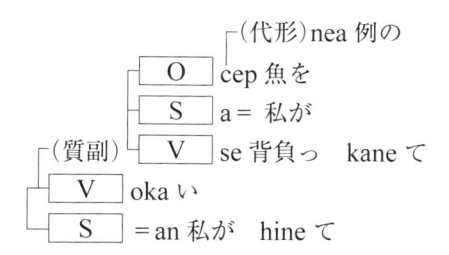

（61）　nen poka i＝tura rusuy kor an ayne,　　　六重
　　　何とか一緒に連れて行きたがっていて

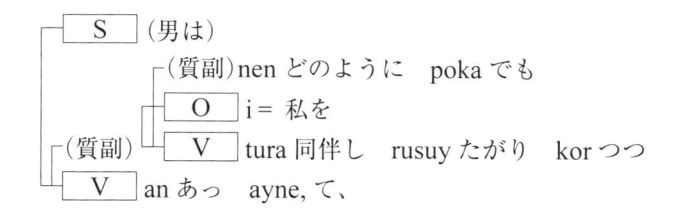

（62）　ora kemeyki＝an kor an＝an　　　六重
　　　それから私が針仕事をしていると

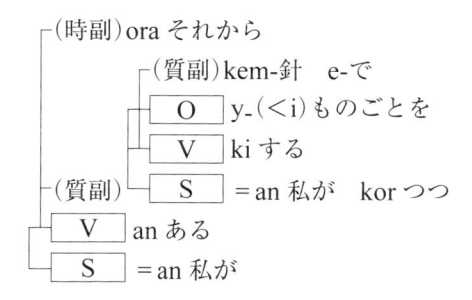

（63）　yuptek kur ne p ne hine nep a＝e rusuy ka a＝kor rusuy ka somo ki
no oka＝an.　　　六重

（男は）働き者なので、私は何を食べたいとも欲しいとも思わないで
暮らしていた。

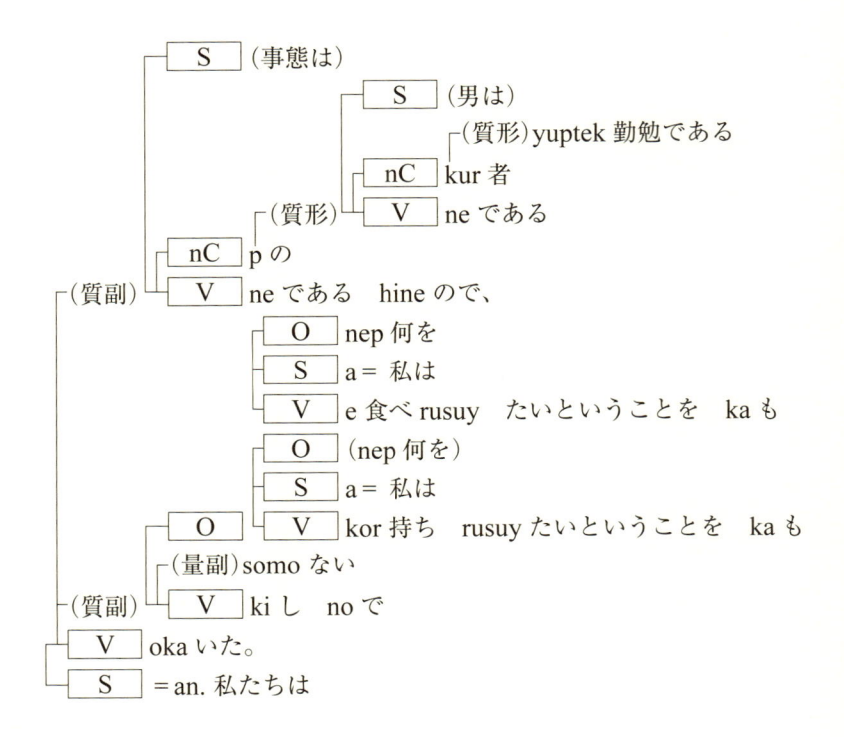

また、SOV の O（直接目的語）が省略された SV もある（64-65）。

　4 次元認識が相関して成立するなら、深層においては全ての要素が存在している。けれども、それを表層で表すかどうかは、言語によって異なる。例えば、始まりのない時間が存在しえないからには、すべての文には主語がある。

　なお、（64）の siparosukere（炊事してもらう）は si-（自分に）par(o)-（口の所）o-（に）su-（鍋を）ke-（する）re（させる）と分解できる。

（64）　a＝siparosukere wa mat ne a＝kor.　　　夜襲

私が炊事してもらって妻にする。

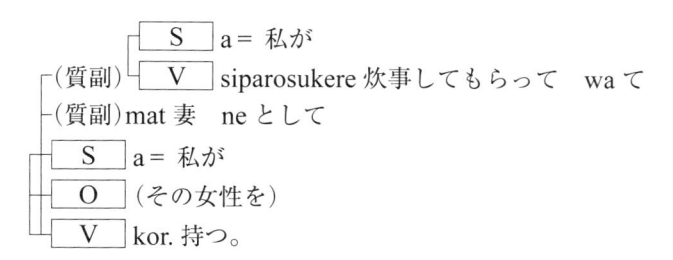

（65）　wen sisam utar wen sanpe korpa wa opitta tuypa wa momka wa isam.

ヨノコ

悪い和人たちが悪意を持ってみんな斬って流してしまう。

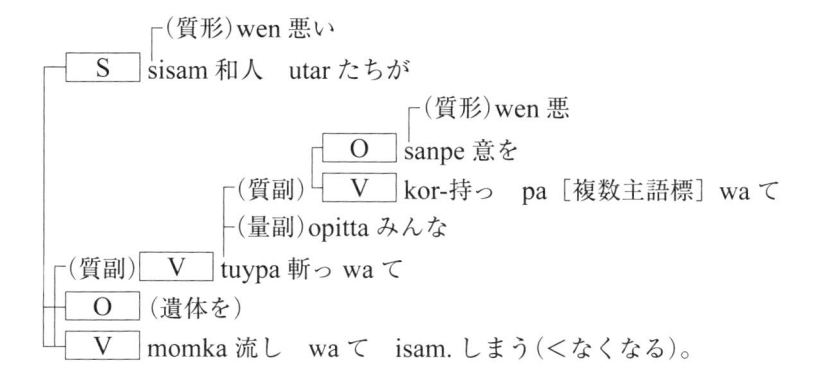

2）Ｖ

　SV のＳ（主語）が省略されると、Ｖ（動語）だけになる。

　アイヌ語では「〜して、〜して、」といくつもの文が連なっている。そこで、普通名詞で表される３人称の主語は、前文でわかる場合に繰り返さないのが常である（66-68）。

(66) "hemanta ne ene ni kewre kor arpa?"　　六重
　　　「何だって（どうして）木を削りながら行くの」

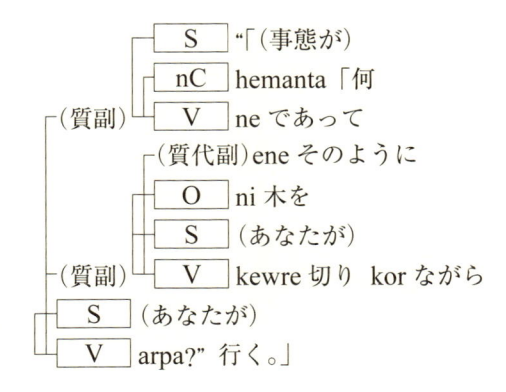

(67) tane pon acapo okkay yatoy kor wa toyta kane an.　　ステノ
　　　そのころ叔父は男の雇い人を使っていて 畑を耕していました。

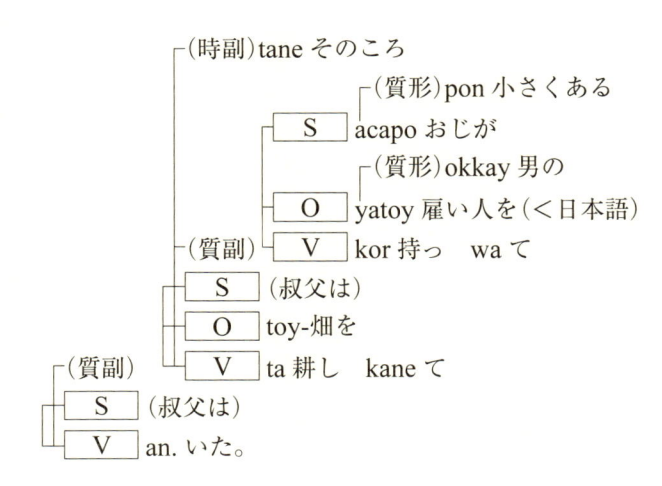

（68） hushkotoi wano iki aine ainuutur wa soikosanu orowano hoyupu humi
taknatara.　　銀の滴
（貧乏な子は）もがいてもがいてやっとの事、人の隙間から飛び出すと、
それからどんどん駆け出した。

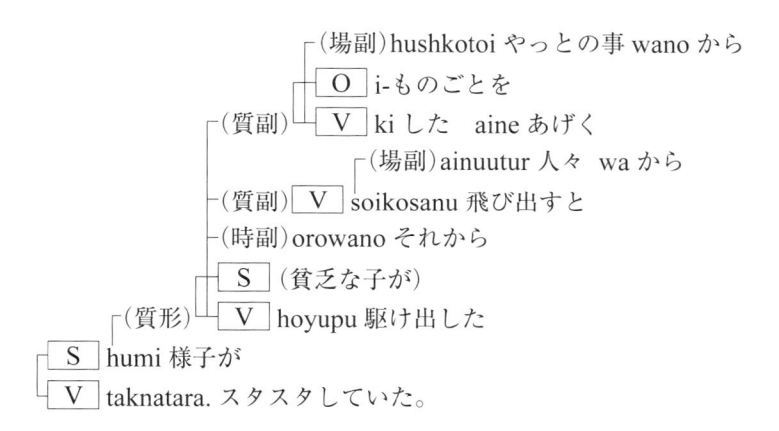

　wa isam（してしまう＜ wa して isam なくなる）も前文の主語でわかるので、通
常、主語を表さない。同様に、(70)のような「〜していて」といった複文構造
でも、主語は表現されない。

（69）　(ne sake)a＝ku wa isam.　　　　オンネ1
（その酒は）私が飲んでしまった。

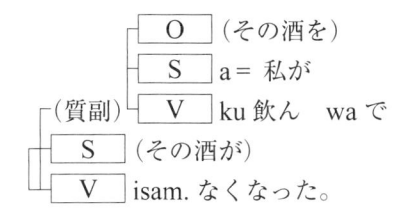

（70）　a＝kor huci iruska kane an hine　　　アカゲラ
　　　私のおばあちゃんは腹を立てていて

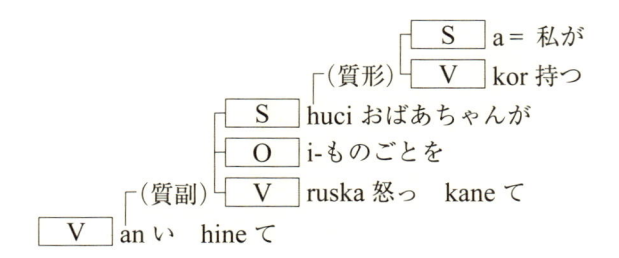

　easkay（できる＜e-に関して askay できる）と eaykap（できない＜e-に関して aykap できない）は対になった助詞つき自動詞で助動詞ではない。そして、独自に主語を取る SV 文型になる（71）。これらの動詞も前文に主語があると、V だけの文型になることが多い（72-73）。

（71）　kotanwente＝an ka a＝eaykap no　　　ゼンマイ
　　　村を滅ぼすことはできずに

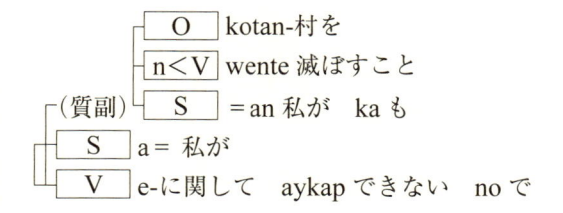

（72）　tane ponno poro hi orano anakne una or peka pon kuari a＝epakasnu
ne ya ki kor an＝an kor, ne kuari pon kuari ka yaykata ka kar easkay.
六重

少し大きくなってからは、炉の灰の上に小さい仕掛け弓を（描いて）
教えたりしていたところ、その小さい仕掛け弓も（息子は）自分で作
ることができる。

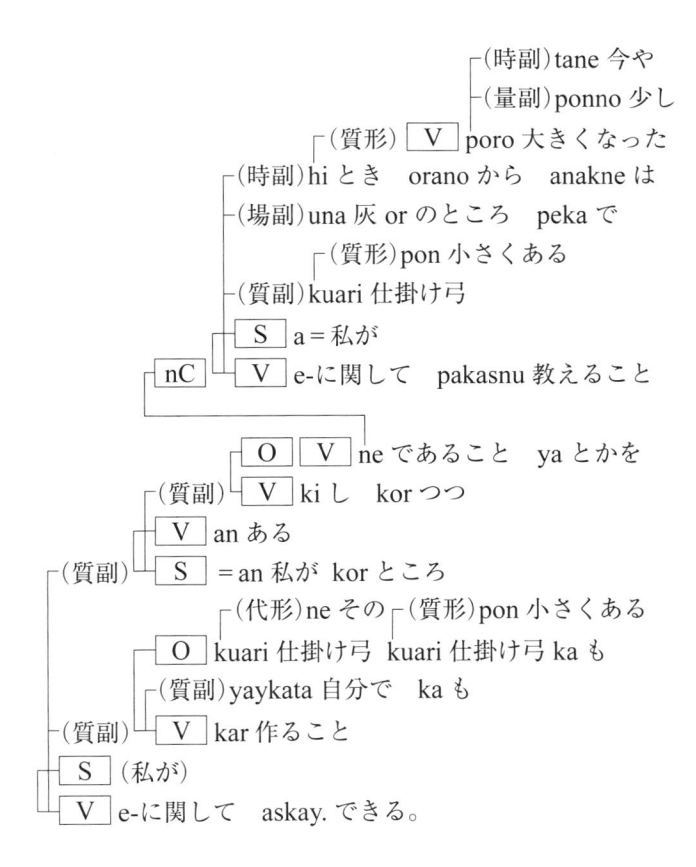

（73） ray ne yakka ray sinnaisam e＝ki wa ora kamuy or un ka e＝arpa
eaykap.　　　飢饉
死んで幽霊になって あの世にも おまえは行くことができない。

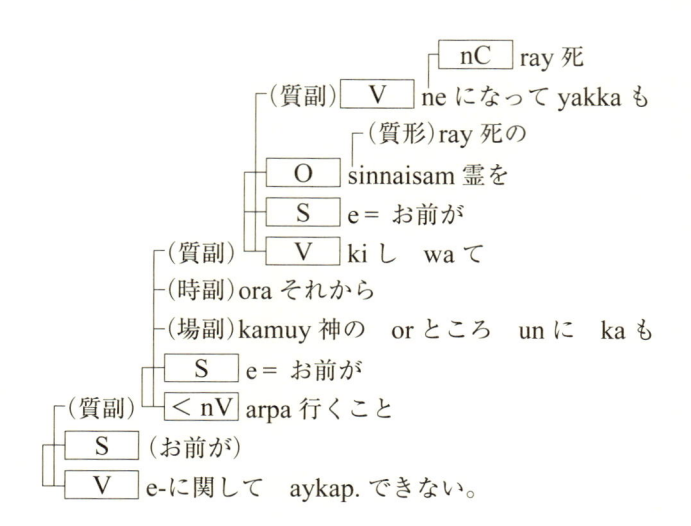

yak pirka（するとよい）で何が「よい」のかを問うと、「事態が」という主語が
浮かび上がる。日本語でも「～するとよい」と全く同じ表現がある。

（74）　sini yak pirka.　　　六重
　　　休むとよい。

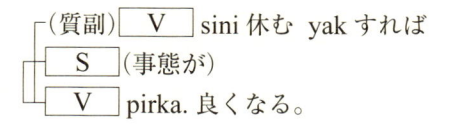

（75）　neno anu yak pirka.　　　六重
　　　そのままにしておいたらいい。

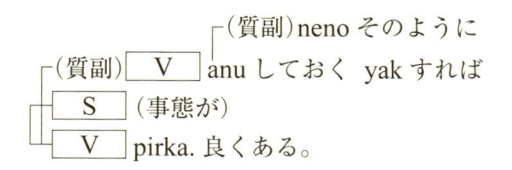

（76）　"a＝poho uni un rurapa yak pirka na."　　　六重

「皆で息子を家に運べばよいぞ。」

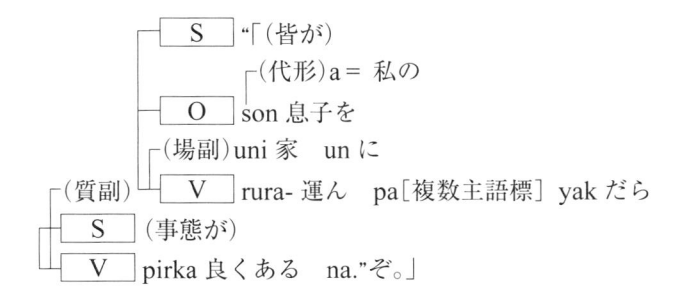

（77）　ikan ukoweysanpekor sak no（中略）ukokewtumpirka no oka yak pirka
na sekor　　　飢饉

決して皆悪い心を持つことなく良い心を持って暮らしなさいと

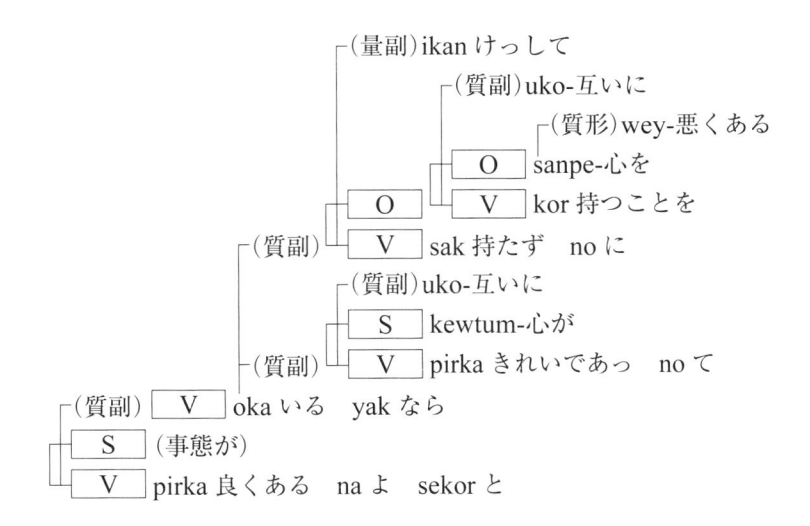

　2人称主語接辞が必須のアイヌ語でも、命令文に主語はない。逆に言えば、主語人称接辞が義務的であるがゆえに、省略が命令を意味する。同じことが英語の命令文にも見られ、しかも、その主語は単複同形の you に決まっている。

　否定命令には somo（＝not）ではなく、命令の否定語 itekke が動詞に前置される。そして、単数のときは hani、複数のときは yan という「なさい」を意味する終助詞がつけられることもある（79）。

(78) "arpa wa wakkata wa ek."　　　　月

「行って、水汲んで来い。」

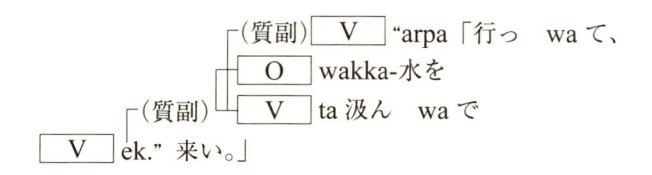

(79) itekke hopunpa yan.　　　ステノ

（二人とも）決して起きてはいけないよ。

```
        ┌(量副)itekke 決して〜な（＝never）
┌───┐
│ V │hopunpa 起き　yan. なさい。
└───┘
```

3) CV

前文でわかるときは、SCV の構文でも主語が現れずに CV になる。

(80) tane a＝kor son poro wa pon okkaypo ne.　　　　六重

今は息子も大きくなって青年にまでなった。

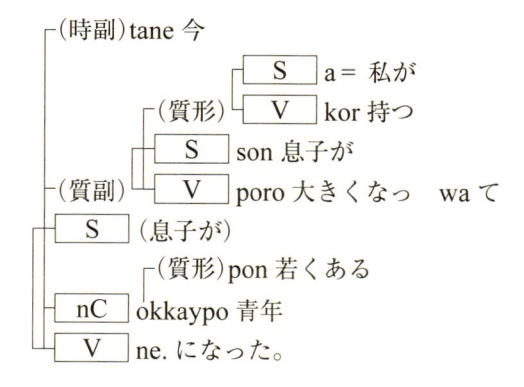

　C（補語）が p(e)（もの）、ruwe（こと／の）、siri（様子）などの形式名詞のとき、文型は CV になる。ここで想定される主語も「事態は」である。これは英語で言えば The fact is that...（事態は〜である）という表現に当たる。英語は主語を必ず表すが、アイヌ語では言わなくてもわかる主語は表さない。こうして文末につけたされる主文が、アイヌ語のクモの巣構文をうみだしている。

（81）　ona ka sak una ka sak no tumun tum ta an＝an pe ne.　　　六重
　　　　父もなく母もなく、私は埃の中で暮らしていたのである。

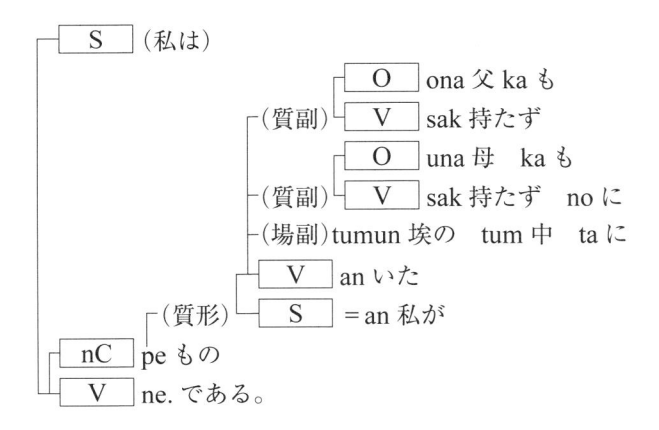

（82）　tankorachi aunkashnukar ki ruwene kushu　　　　銀の滴
　　　　この様にお恵みをいただきましたのですから

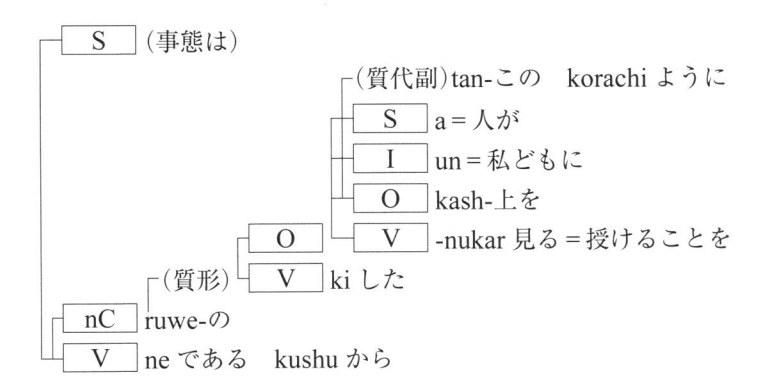

（83） "neun kane hosipi＝an kor ora tan a＝kewre cikuni a＝opes yakun tunasno a＝uni un sirepa＝an kusu ni-kewre＝an siri ne." 六重

「どうにかして帰ろうとしたときには、この削った木に沿えば早く家に着けるから、木を削っているのだよ。」

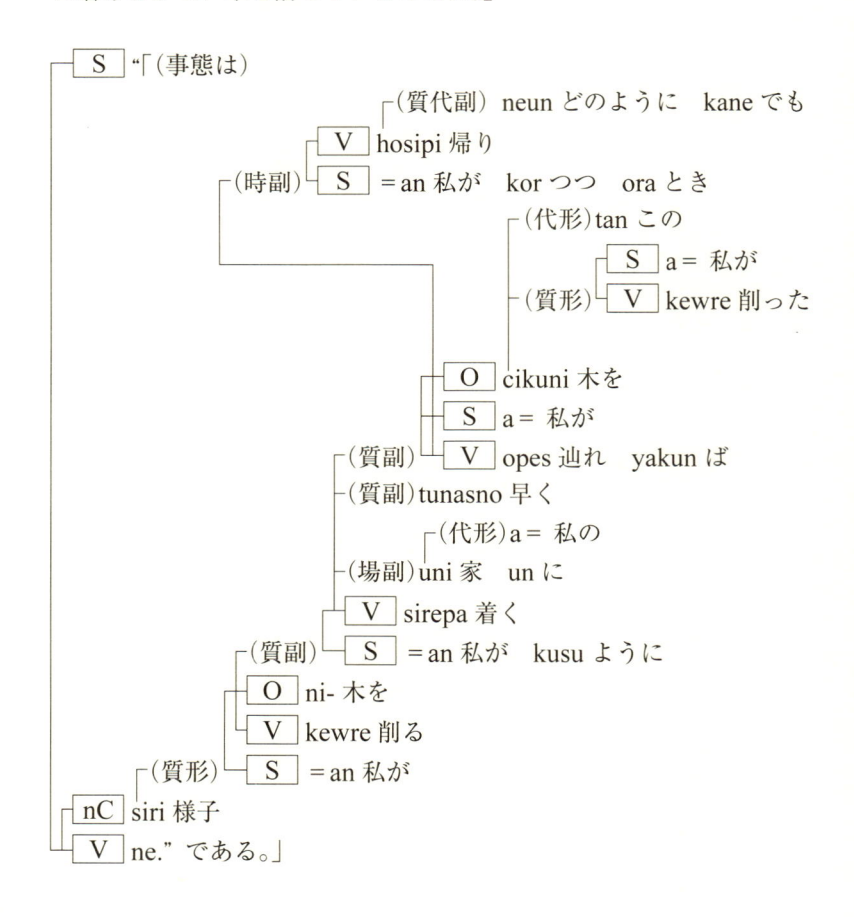

4）OSV

（84-86）のように主語が 3 人称普通名詞のときや、（87）のように人称接辞が二つ並んだときに、アイヌ語では SOV の語順になる。（88）は、二つの人称接辞でも OSV の語順である。

図表 11 でみたとおりアイヌ語の自動詞には（85-86）のように直接目的語を含んでいるものがある。（85）は直接再帰目的語を含む自動詞である。

（84）　tane sironuman akus huci nisu ahunke.　　　　ステノ
　　　　もう夕方になると祖母は臼を家に入れた。

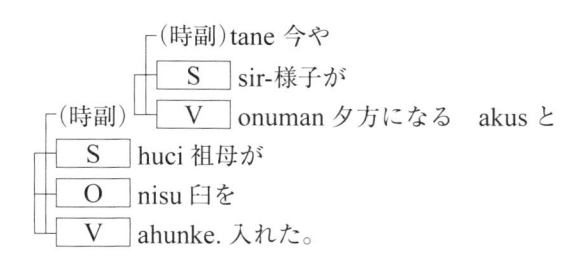

（時副）tane 今や
　　S　　sir-様子が
　　V　　onuman 夕方になる　akus と
（時副）
　S　　huci 祖母が
　O　　nisu 臼を
　V　　ahunke. 入れた。

（85）　ne okkaypo ka eyaykopuntek.　　　　ヨノコ
　　　　その青年も喜んだ。

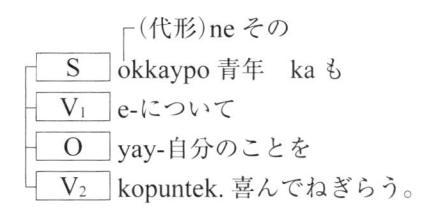

　　　　（代形）ne その
　S　　okkaypo 青年　ka も
　V₁　e-について
　O　　yay-自分のことを
　V₂　kopuntek. 喜んでねぎらう。

（86）　ne pon menoko earkinne ikemnuhawkokari kor　　　　飢饉
　　　　その若い娘は私にものすごく同情の声をあげて

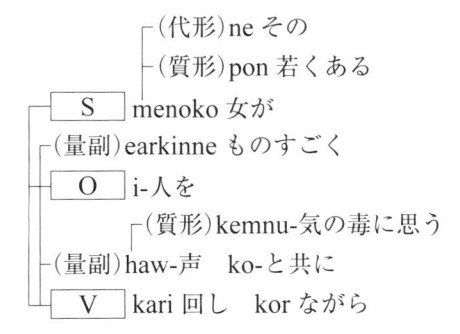

　　　　（代形）ne その
　　　　（質形）pon 若くある
　S　　menoko 女が
（量副）earkinne ものすごく
　O　　i-人を
　　　　（質形）kemnu-気の毒に思う
（量副）haw-声　ko-と共に
　V　　kari 回し　kor ながら

　　主語も直接目的語も人称接辞の場合は SOV に語順が定まっている（87）。（88）の従属文のように図表6の標準的語順 a＝eci の SI が、eci＝a の IS になる例も見られる。また、主語だけが人称接辞の（89-94）も、OSV になる。

（87）　siketokwano a＝eramuskari kotan sisam kotan ta a＝i＝ranke hine
　　　　ヨノコ
　　　　見たこともない私が知らない村、和人の村に私は下ろされて

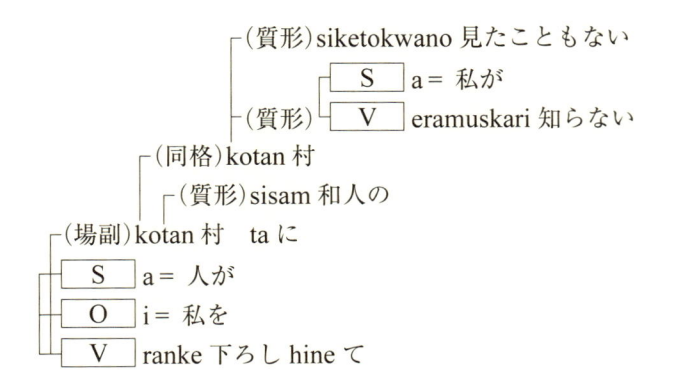

（88）　eci＝kamuynomi wa i＝kore yakun sasuysir pakno eci＝a＝epunkine
　　　　kusu ne na.　　　木彫り
　　　　あなたたちが祈ってくれるなら、末代 まであなたたちを守ってあげ
　　　　ましょう。

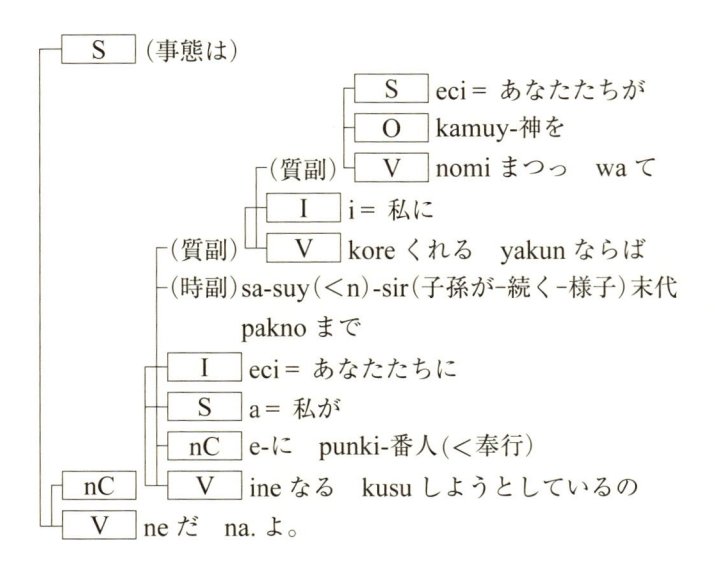

（89）　shirki chiki chisantekehe chiturpa wa nean ponai chiesikari.　　銀の滴
　　　　それで私は手を差しのべてその小さい矢を取りました。

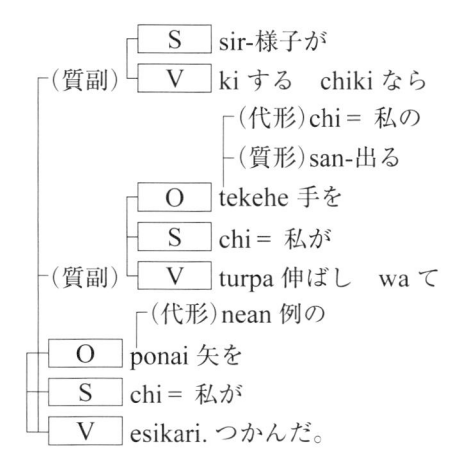

（90）　turep ka ku＝ta ohawkop ka ku＝kar.　　　ステノ
　　　　オオウバユリも掘りお汁の実も取りました。

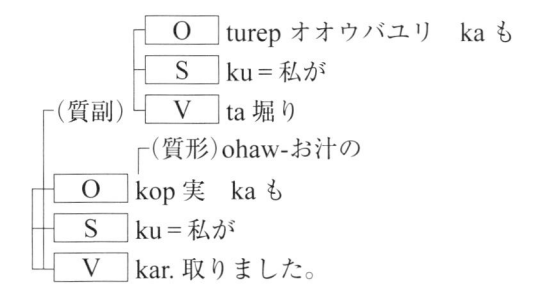

(91) a＝mataki a＝saha utar a＝onaha a＝unuhu utar a＝nukar rusuy hine
ka ヨノコ
妹や姉さんたちや父母たちに私は会いたいけれども

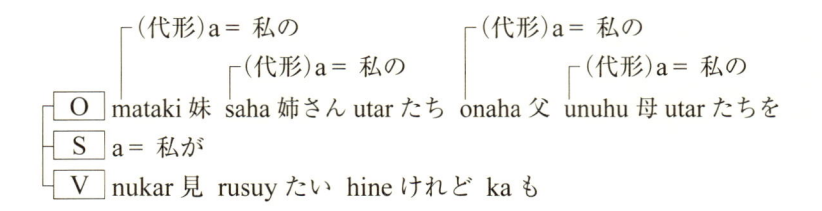

(92) mak iki wa an＝an pe a＝ne ruwe ka a＝erampewtek no, 六重
どうして自分がそうなのか（を）知らないけれど、

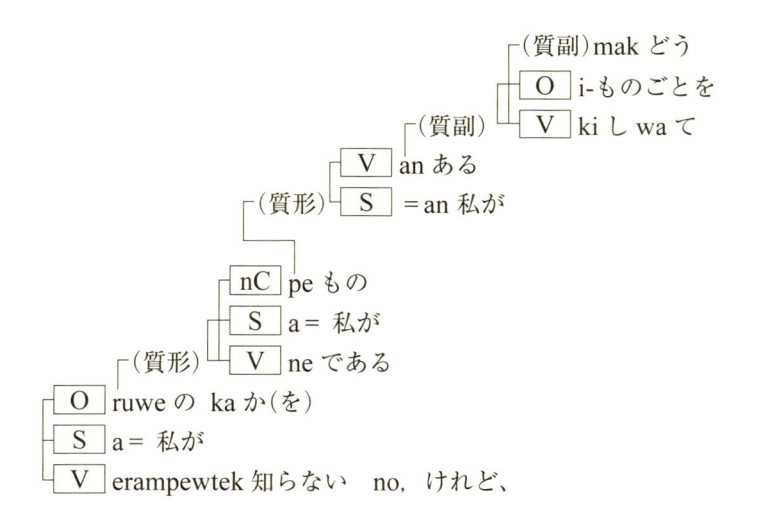

(93) sir-kunne konno wakka a＝se wa アカゲラ
日が暮れると私は水を背負って

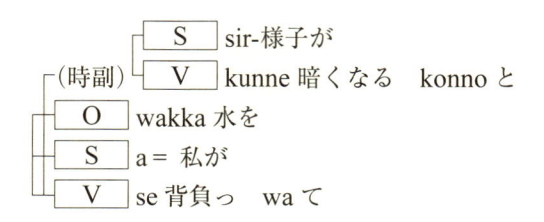

(94)　ne tosir or ta nuwap＝an ruwe ne akusu, sonno ka okkayo poyson a＝
　　　kor wa　　　六重
　　　その川岸の洞穴で産気づいて（娘から）聞いた通り（何の障りもなく）
　　　男の子をもうけて

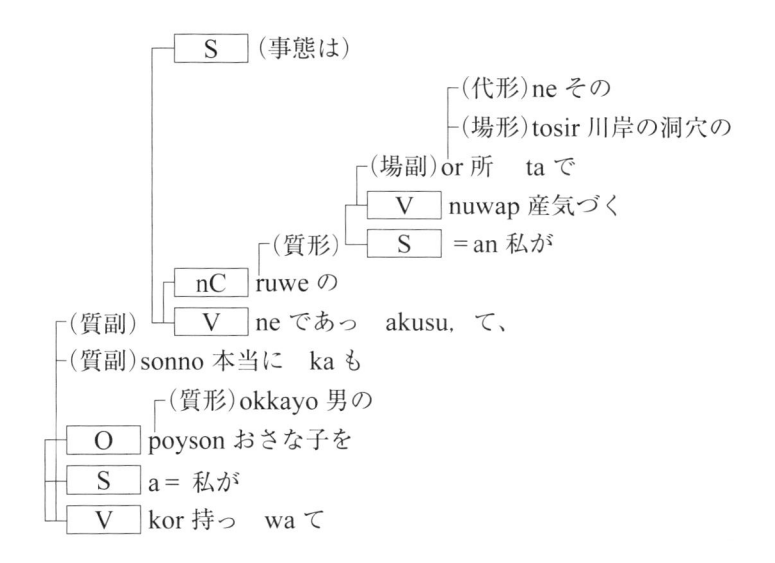

　アイヌ語の文末は「〜のであった」のように主文をつけたす場合が多いので、
従属文中の OSV がよく見られる（95-97）。

(95)　kes to an kor kepuspenuye a＝ki kor oka＝an hine　　　シマフ
　　　毎日刀の鞘彫りを私はしていて

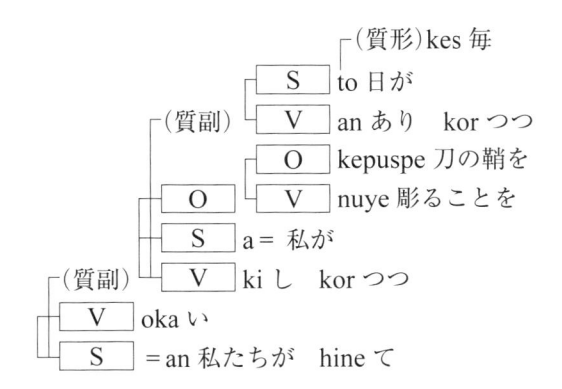

(96) "a = kor nispa matnepoho a = etun kusu ek = an ruwe ne." 　　　飢饉

「旦那さんの娘さんを嫁にもらうために 私はやって来たのです」

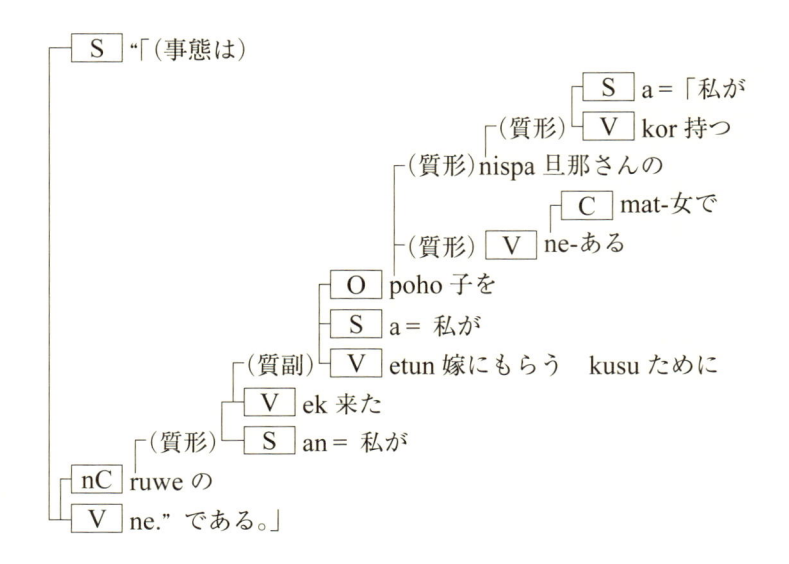

(97) isitoma = an wa nuynak = an kusu apa ka puyar ka a = seske wa
an = an ruwe ne. 　　　　ゼンマイ

恐ろしいので隠れるために戸口も窓も 閉めていたのです。

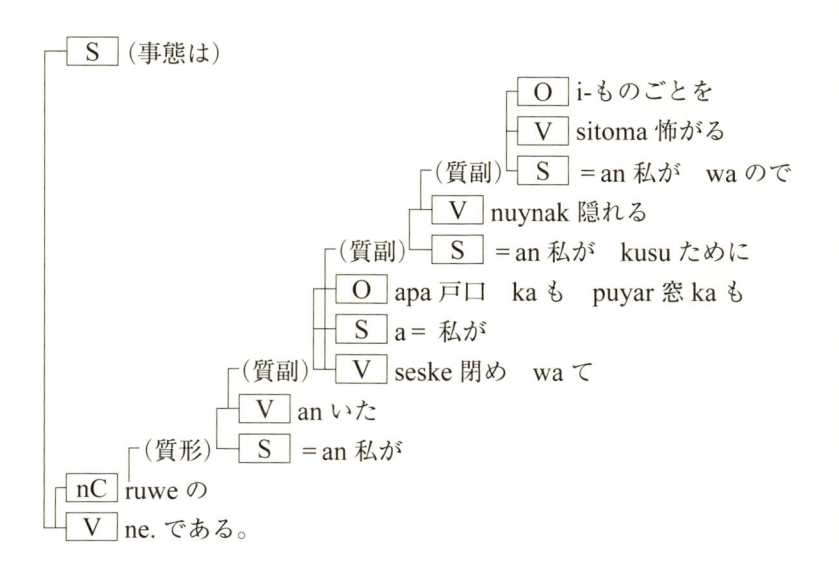

　不定人称は主語の存在が薄い。そこで、SOV 型では主語よりも直接目的語に
焦点が移り、受動に解される。(98)の tono a＝rayke(神を　人が＝殺す)は「神が
殺される」と受動に訳される。間接目的語の項でみた hapo oro wa a＝en＝koyki
(母　の所　から　人が＝私を＝叱った)「私は母親から叱られた(田村(1988, p. 30))」
という例文を思い出してみる。これは例えば英語の不特定多数を主語とした文、
we/they say that... が It is said that... と we/they の主語が失せた受動文に置き換
えられる現象と似ている(これについては中川(1995, p.9)も参照されたい)。

　(98)　ikia paskur tono a＝rayke anke a＝tuy anke sir-ki.　　　　酒宴
　　　　そのカラスの神は殺されそうに、息の根を止められそうになっている。

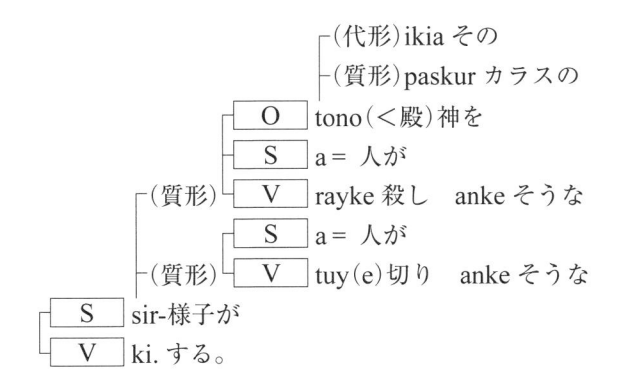

5) OV
　アイヌ語では、主語人称代名詞接辞を動詞の前に置くことが義務づけられてい
る。したがって、主語が省略されるのは、主語人称接辞が存在しない、3 人称に
限られる。

(99) acapo utar ne cise kitay cari hine or wa cise or un terke hine unci＝
puni hine eson unci＝sanke.　　　　ステノ
叔父たちはその家の屋根をばらしてそこから家のなかに飛び込んで
私たちを引き上げて外に出しました。

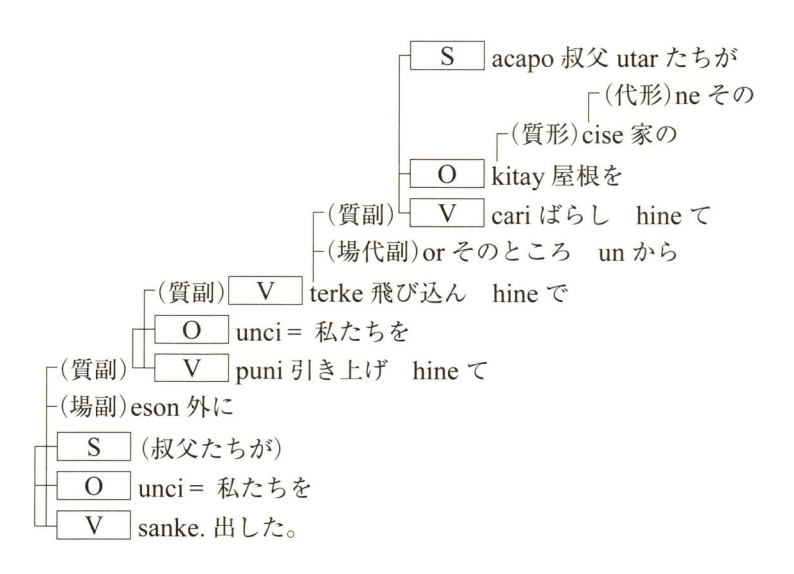

また、(100)は直接目的語含有動詞の例である。

(100)　orano neun ne ya ka eramiskari korka weysanpekorpa wa　　　飢饉
それからなぜかわからないのですが(村人たちは)悪い心を持って

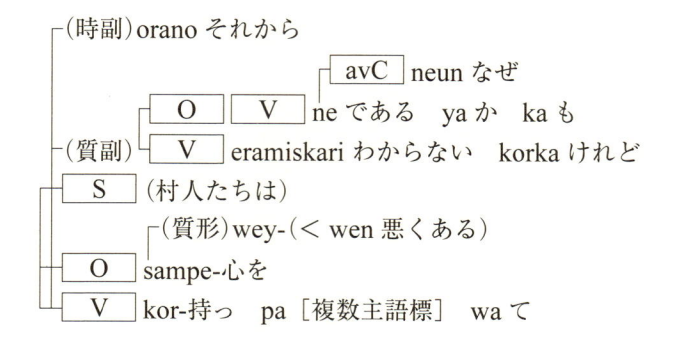

6）Ⅳ

Ⅳ の文型では、（101）のような「〜に言う」という言説の移動を示すものが
まず、あげられる。そして、（102-04）のような「〜に〜させる」という、動詞
の使役接辞 -re を使った例が挙げられる。

（101）　yaykata ka a＝e yak pirka sekor i＝ye hi kusu,　　　六重
　　　　自分でも食べたらいいと私に言うので、

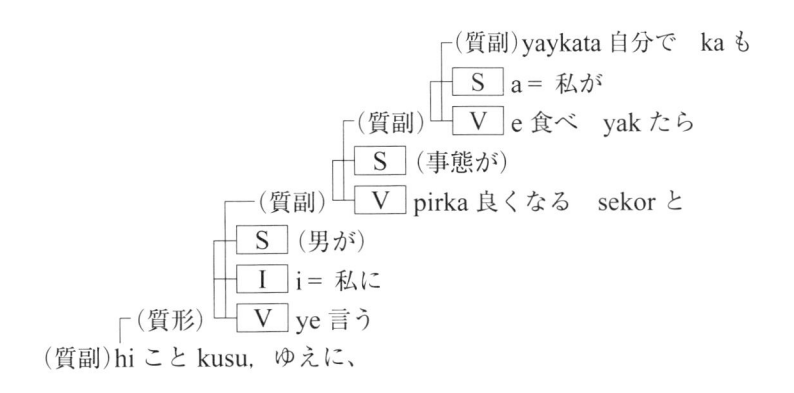

（質副）yaykata 自分で　ka も
（質副）　S a＝ 私が
　　　　 V e 食べ　yak たら
　　S （事態が）
（質副）　V pirka 良くなる　sekor と
　S （男が）
　I i＝ 私に
（質形）　V ye 言う
（質副）hi こと kusu,　ゆえに、

（102）　seppa sanke wa i＝kore.　　　飢饉
　　　　（私の夫が）刀のつばを出して私に託しました。

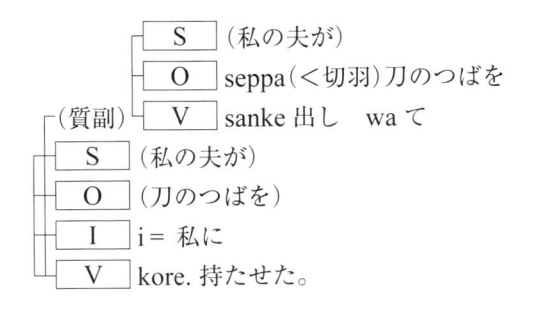

　　S （私の夫が）
　　O seppa（＜切羽）刀のつばを
（質副）　V sanke 出し　wa て
S （私の夫が）
O （刀のつばを）
I i＝ 私に
V kore. 持たせた。

（103） anaysir kamuy utar ka eyakoruntek wa i＝kore.　　　六重
死者の霊達も喜んでください。

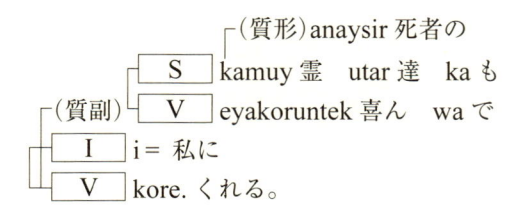

（104）　（a＝kor huci….）amip sanke wa i＝mire konno　　アカゲラ
（私のおばあちゃんは）着物を出して私に着せると

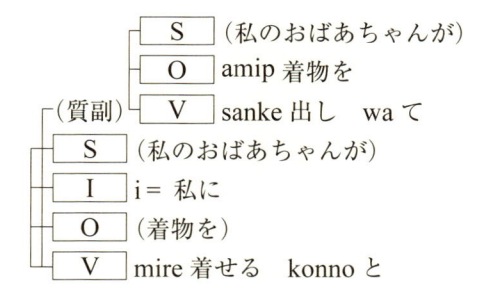

7）SCV

　日本語の「～い」で終わる形容詞は、アイヌ語では be ＋形容詞補語に分析される自動詞になる。したがって、SCV 型の C が形容詞であることはない。

　SCV の語順になるのは、主語人称接辞を持たない、3 人称が主語の場合に限られる。

（105）　teeta wenkur tane nispa ne,　　　銀の滴
　　　　昔の貧者が今の富者になっていて、

（106）　e＝teksam a＝epunkine　　　六重
　　　　あなたのそばで私が護衛する。

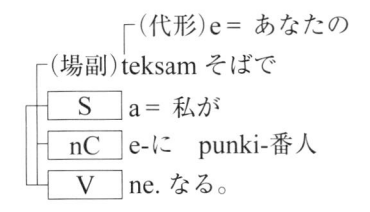

（107）　ne tonin sekor a＝ye p anakne　pone sak pe ne sekor an.　　　　サル

ミミズというものは 骨がないものだということです。

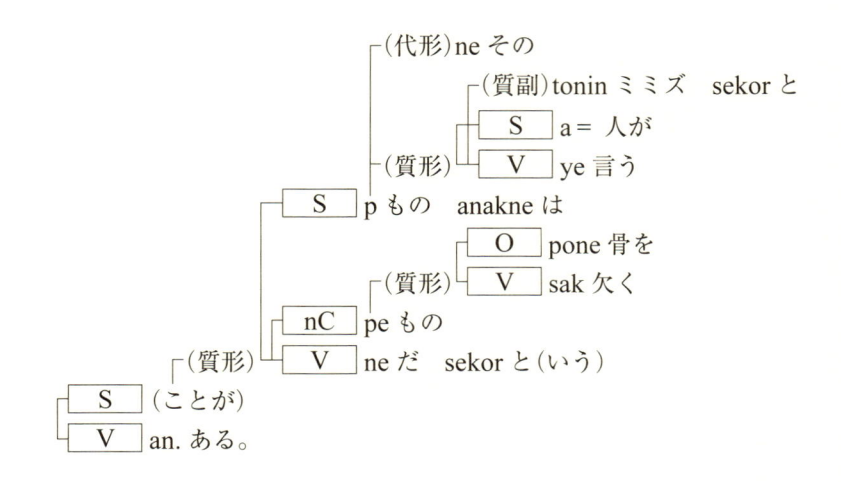

　動詞に主語人称接辞がつくと CSV の語順になる。したがって、SCV の語順になるのは、普通名詞や固有名詞が主語になる、3 人称以外の場合である。

（108）　asinuma anakne payokakamuy a＝ne hine　　　　ゼンマイ

私は伝染病の神であり

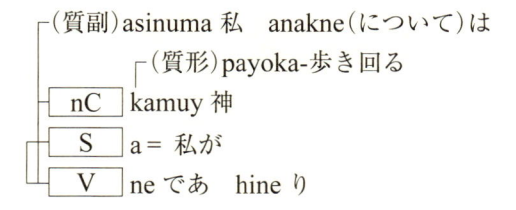

（109）　tane tan nispa macihi ne e＝an wa ne yakun ora　　　白い犬
　　　　　もうこの旦那さんの妻 になっているなら

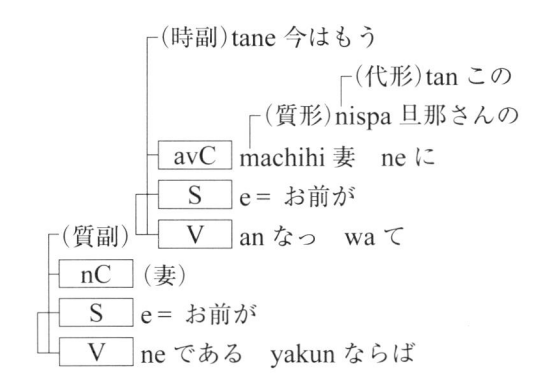

（110）　wenpurikor wenkatcamkor wen aynu e＝ne kusu　　　月
　　　　　素行も精神も悪い駄目な人間にお前がなったので

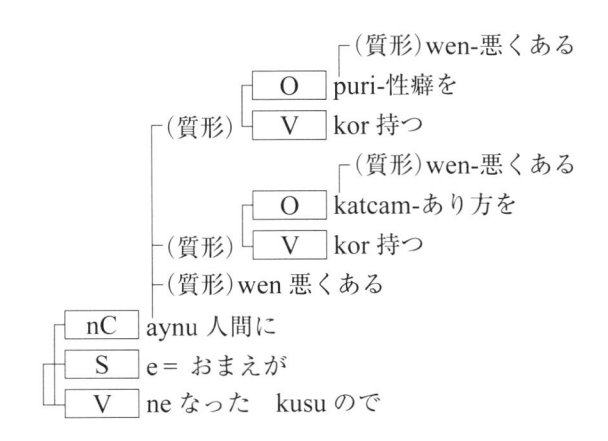

8）IOV

　1・2・不定人称では主語人称接辞が必須なので、この文型にはなりえない。この文型になるのは、3人称の主語が前文などでわかるために省略される場合である。

　この文型でよく見られたのは I が接辞になっているもので、OIV の語順であった。I は人間に限られるので、人称代名詞接辞になりやすく、IV の語順になる。一方、O は長い修飾語のついた事物であることが多く、接辞にはなりにくい。そこで、IV の前におかれて OIV の語順になる。なお、I と O の人称接辞は形態

が同じなので、両方がともに人称接辞の例はない(111-13)。OI ともに普通名詞の例としては(114)が挙げられる。

(111) pirka uske i＝ere.　　　夜襲
　　　おいしいところを私に食べさせる。

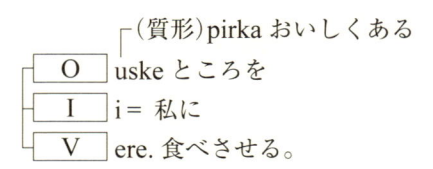

(112) san a pon menoko ek hine ruasitta ek hine hinak wa ek＝an pe a＝ne ruwe ne ya i＝kouwepekennu hi kusu　　　飢饉
　　　川を下って来た若い娘が 道のわきに来てどこから来たのかと私に尋ねるので

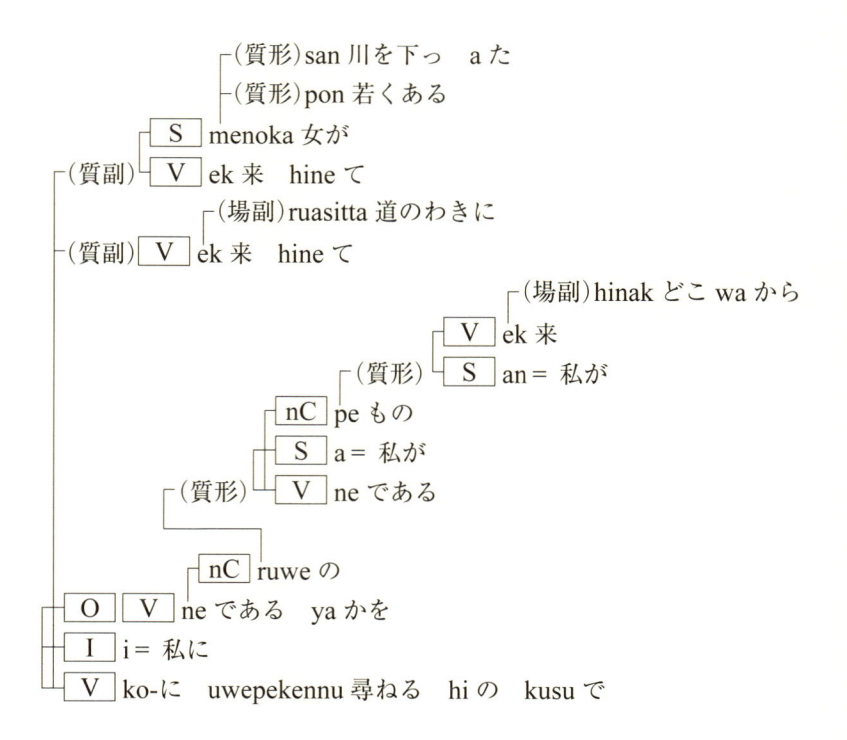

（113）　（pon acapo...）ku＝hosipi kuski konno usa yukar usa kamuyyukar
　　　usa uwepeker en＝ecakoko kus ye.　　　ステノ
　　　（叔父は …）私が帰ろうとするとユカラやカムイユカラやウウェペケ
　　　レや私に教えようと言いました。

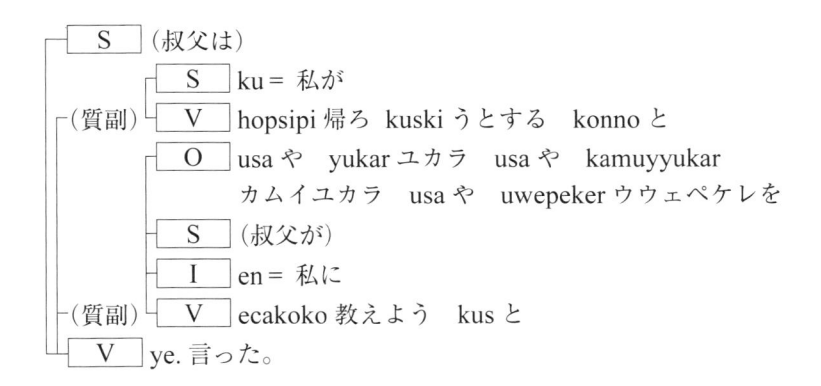

(114) rapokke turano oka＝an a＝kor okkaypo eun ka poronno po ka kor
wa（中略）a＝matnepo eun ka po ka kor siri ka a＝nukar ka ki kor
ukosinewe＝anpa.　　　　飢餓
そのうちに同居の息子にもたくさん子供ができて娘にも子供ができ
て皆仲良く暮らしました。

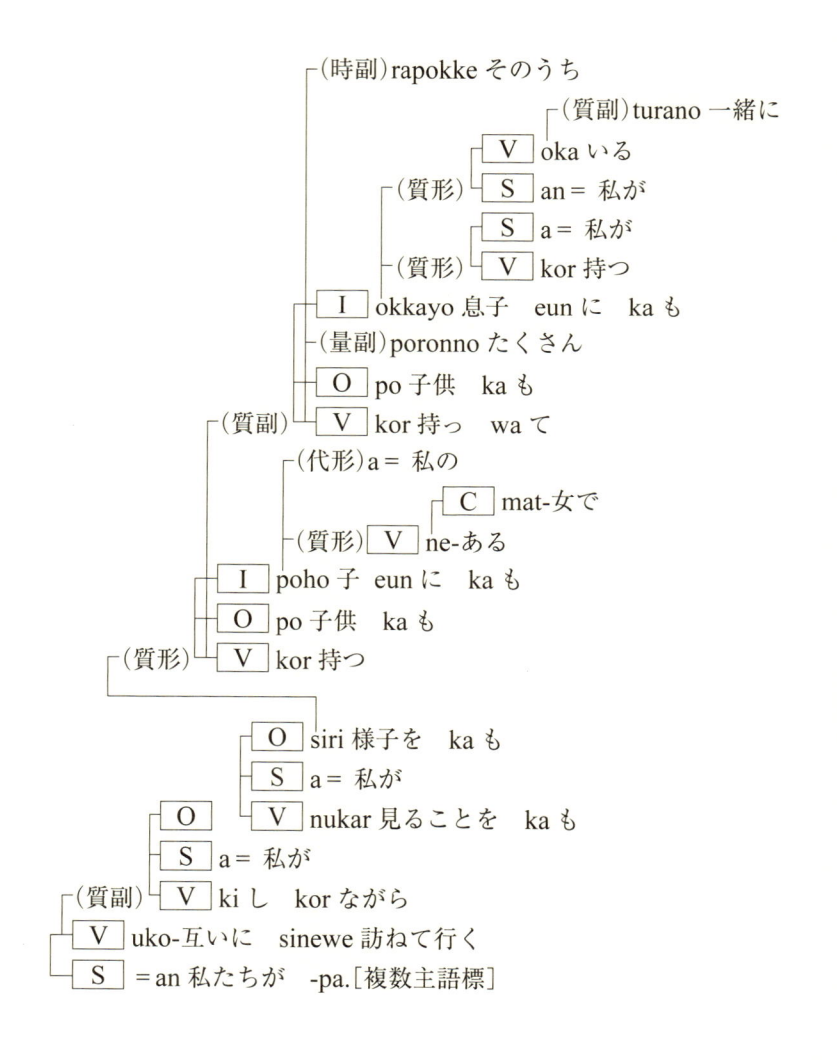

9）ISV

この文型では間接目的語の後に主語接辞つきの動詞が続く、ISV の語順が多く見られる。

（115）　huciape a = ekosi kusu ne na.　　　　ゼンマイ
　　　　火の神様にお任せいたします。

```
┌─┤ I │huciape 火の神様に
├─┤ S │a = 私が
└─┤ V │ekosi まかせる　kusu つもり　ne である　na. よ。
```

（116）　usa sake usa inaw usa pirka aep ani nani poyyaunpe kamuy a = okanomi.　　　石狩
　　　　酒や木幣やおいしい食べ物でポイヤウンペの神へ儀式をしました。

```
┌（質副）usa やら　sake 酒　usa やら　inaw 木幣
│　　　　　　　　　┌（質形）pirka おいしくある
│　　　　usa やら　aep 食べ物　ani で
├（時副）nani すぐ
│　　　　┌（質形）poyyaunpe ポイヤウンペの
├─┤ I │kamuy 神に
├─┤ S │a = 私が
└─┤ V │okanomi. 儀式をした。
```

（117）　a = onautari eunno a = kopisi kor　　　六重
　　　　両親に尋ねても

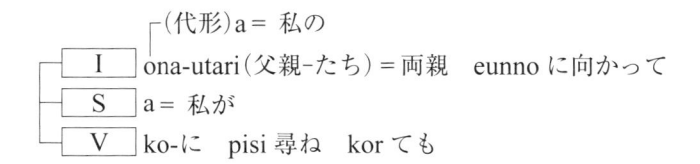

```
　　　　┌（代形）a = 私の
┌─┤ I │ona-utari（父親-たち）= 両親　eunno に向かって
├─┤ S │a = 私が
└─┤ V │ko-に　pisi 尋ね　kor ても
```

（118） sinna cise-kar＝an hine oro ta a＝sa eun a＝nunuke.　　　夜襲

私は別に家をつくって、そこで姉に孝行した。

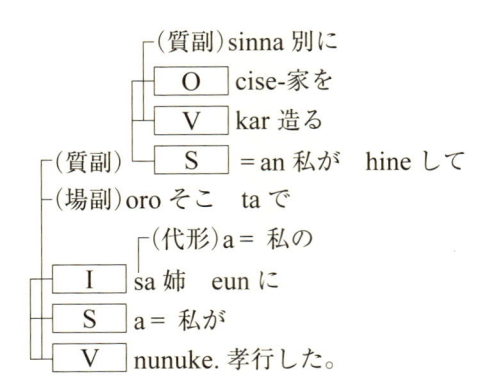

（119） ene onne kur eun "i＝eramiskari ya?" sekor a＝kouepekennu akusu,

六重

その老人に、「俺がわからないか」と聞くと、

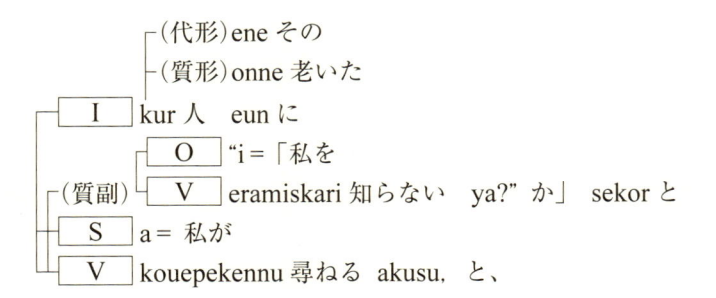

（120）　orano ney ta okake an yakka ney ta sake a＝kor yakka ne poyyaunpe
kamuy kamuy rametok a＝koyayrayke hi a＝ye kor a＝nomi kor an
＝an ayne　　　　　石狩
その後もどこかで酒を作れば そのポイヤウンペの神の勇者に 感謝
の言葉を言いつつ 祈って

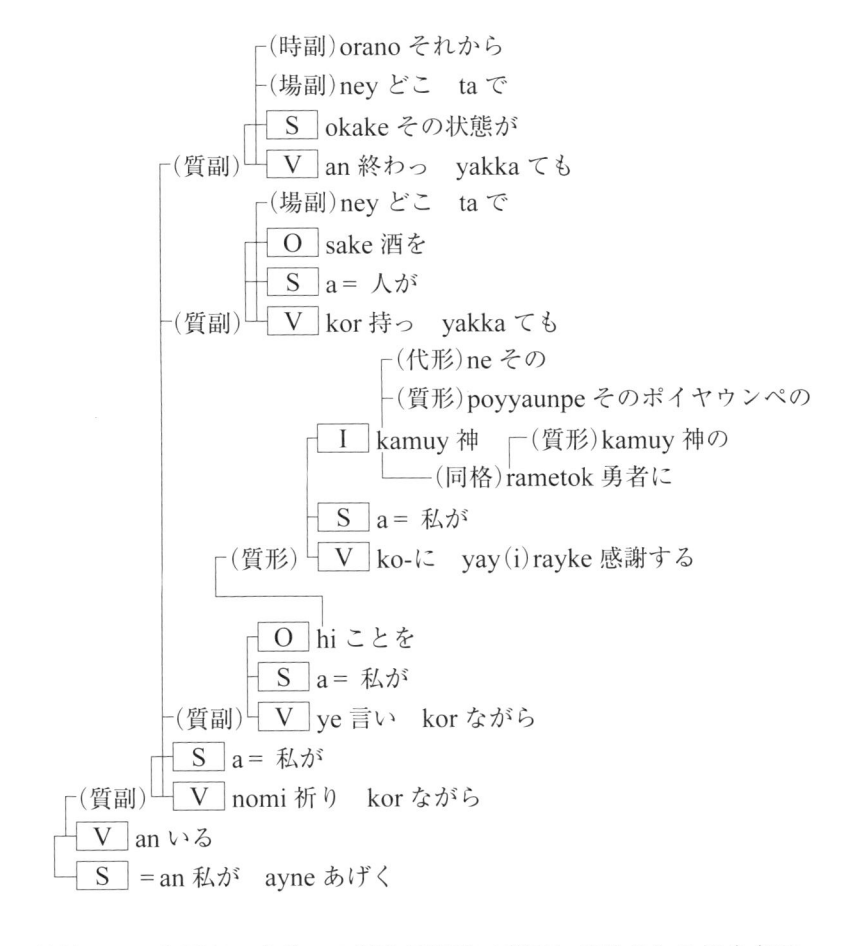

　SIV の語順には、主語が 3 人称で I だけが接辞で動詞に前置される場合（121-
22）も、S と I の両方が接辞で SI の順で動詞の前に接続される場合（123-24）も
ある。

(121)　nep ne yakka a＝onaha i＝epakasnu.　　　木彫り
　　　父は何でも私に教えました。

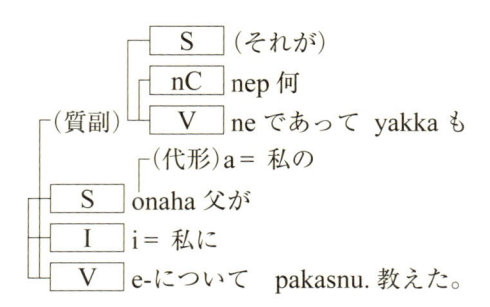

(122)　"ne kewre cikuni e＝opes wa e＝arpa yakun e＝arpa easkay nankor
　　　na" sekor a＝unuhu i＝epakasnu.　　　六重
　　　「その削った木に沿って行けばたどり着けるでしょう」と母は私に
　　　教えてくれた。

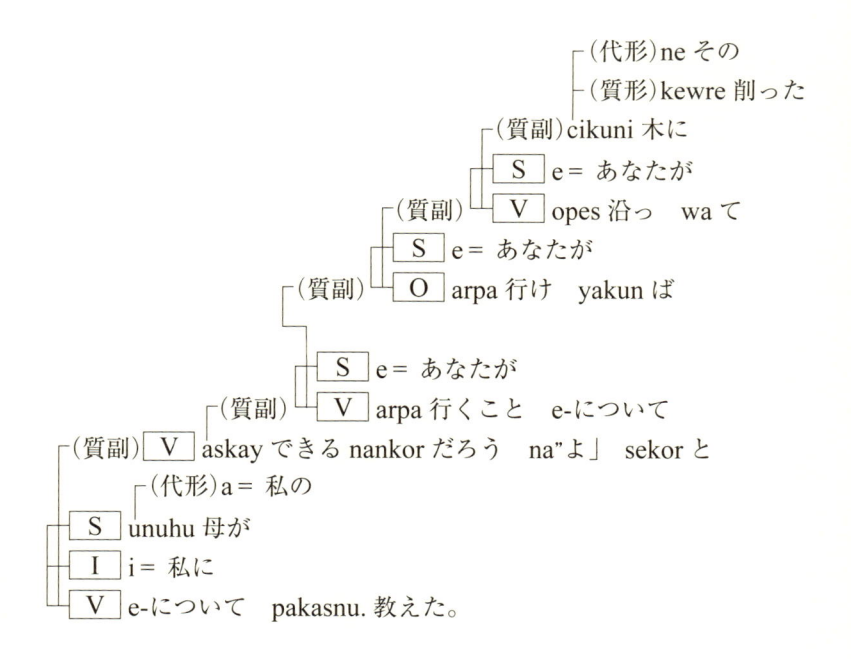

（123）　chiokai nakka a＝un＝koonkami.　　　　銀の滴

　　　　私もみんなに拝されました。

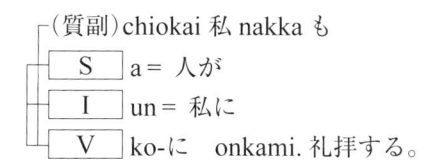

（124）　tane pakno e＝poro wa ne yakun a＝e＝koupaskuma yakun e＝
　　　　eramuan nankor na.　　　　六重

　　　　ここまで大きくなったなら、わけを話してもわかるだろうね。

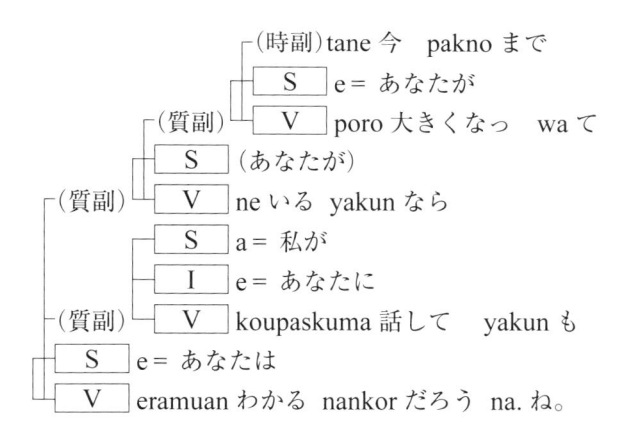

10) その他

① SVIO

4次元認識の構成要素がすべて揃っている文はまれである。

　Sが3人称のときは、事物であることが多いOの前に来てSOIVの語順になる(125))。O含有動詞にSの接辞がつくと、ISOVになる(126)。また、SとIが接辞のときは、普通名詞のOが前に来てOSIVの語順になる(127-28)。

(125)　huci nisew un＝kore konno　　　ステノ
　　　　祖母が私どもにどんぐりをくれると

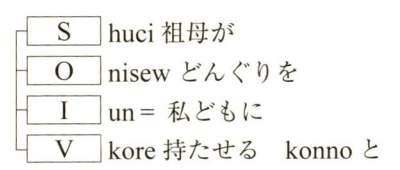

S	huci 祖母が
O	nisew どんぐりを
I	un＝ 私どもに
V	kore 持たせる　konno と

(126)　toy or wa hosippa＝as konno umma ku＝ipere ranke　　　ステノ
　　　　畑から私たちが帰ってくると馬に飼葉をつけては

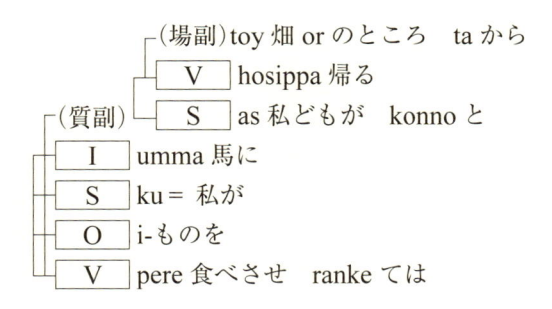

(場副)toy 畑 or のところ　ta から
| V | hosippa 帰る |
(質副) | S | as 私どもが　konno と
I	umma 馬に
S	ku＝ 私が
O	i- ものを
V	pere 食べさせ　ranke ては

（127）　ne pon menoko utar ka tumasnu wa earkinnean inaw a＝i＝kore.

　　　　マタ

　　　その娘たちも丈夫になってこぞって木幣をくれた。

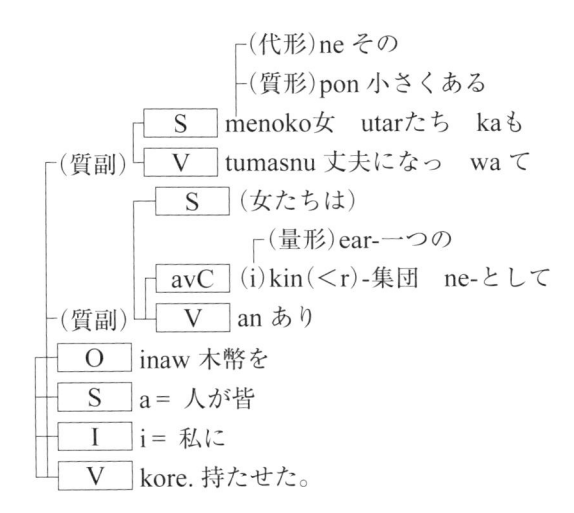

（128）　cikuni a＝hok wa a＝i＝kore kor oro ta mur a＝i＝tasare wa a＝kor
　　　　wa iwak＝an wa　　　　　ぬか
　　　　まきを売ってそこでぬかと交換してきて

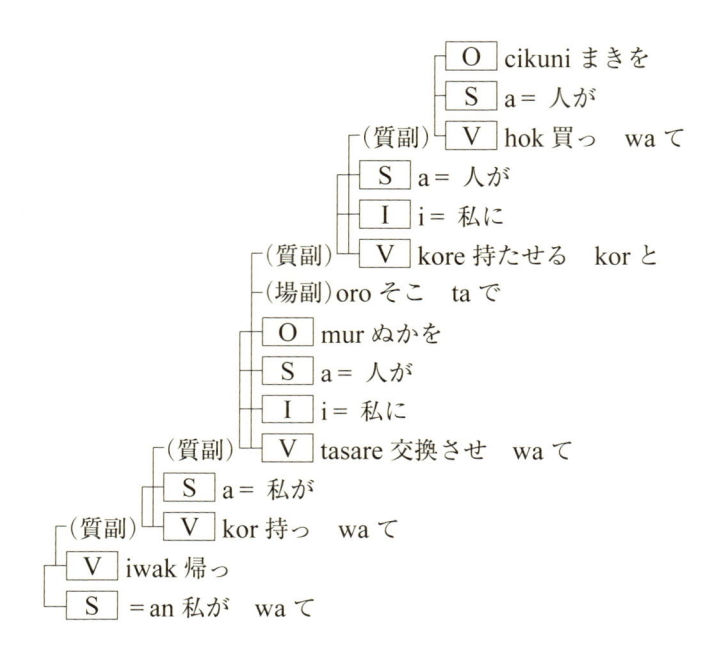

② C

　文全体を名詞化する形式名詞で終わる文は、Cだけで構成されている。日本語
でも「〜すること」という命令や、「〜だこと」という驚きや、「〜ってこと」と
いう解説を表す場合にこのような体言止めが使われる。このように、「である」
のような容易に想定される存在動詞を省略することで、情報量の多い補語を際立
たせている。

（129）　wenash shiri otuiash shiri.　　　　銀の滴

つまらないつまらない。

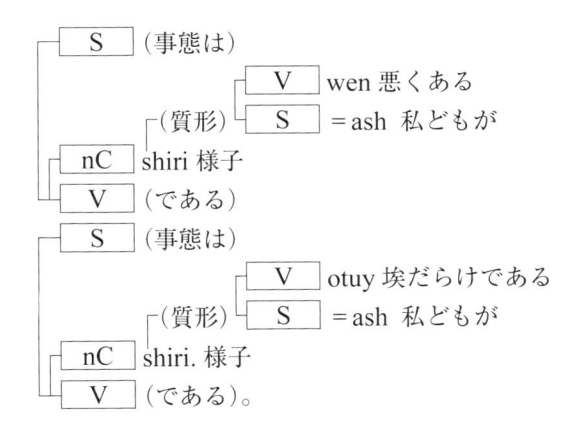

（130）　koshirepa patek neyakka chieyairaike p.　　　銀の滴

お出でくださるだけでも有難く存じますものを。

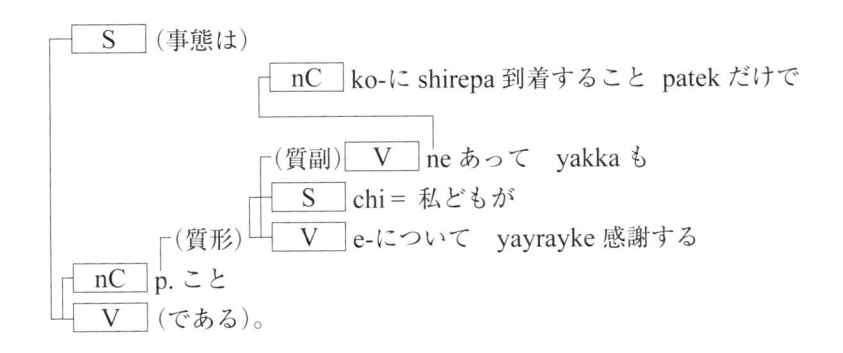

（131） e＝moto orke a＝erampewtek kunak e＝ramu kor e＝ek ruwe.
　　　　嘘

おまえの素性を私が知らないとでも思って来たのか。

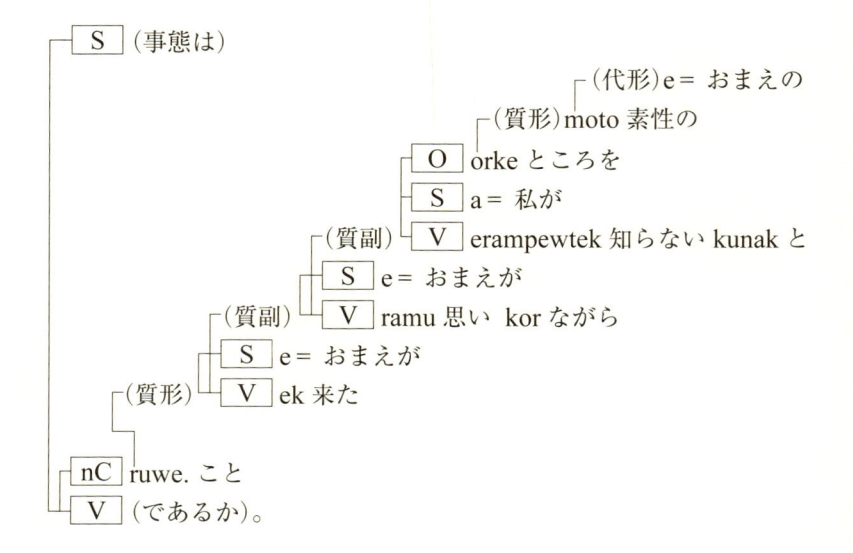

（132） "teta nep ka a＝ekimatek hene ki yakun tan tosir or ta nuynak＝an
yakka pirka ruwe."　　六重
「ここで何か恐ろしいことでもあればこの川岸の洞穴に隠れたらい
いよ。」

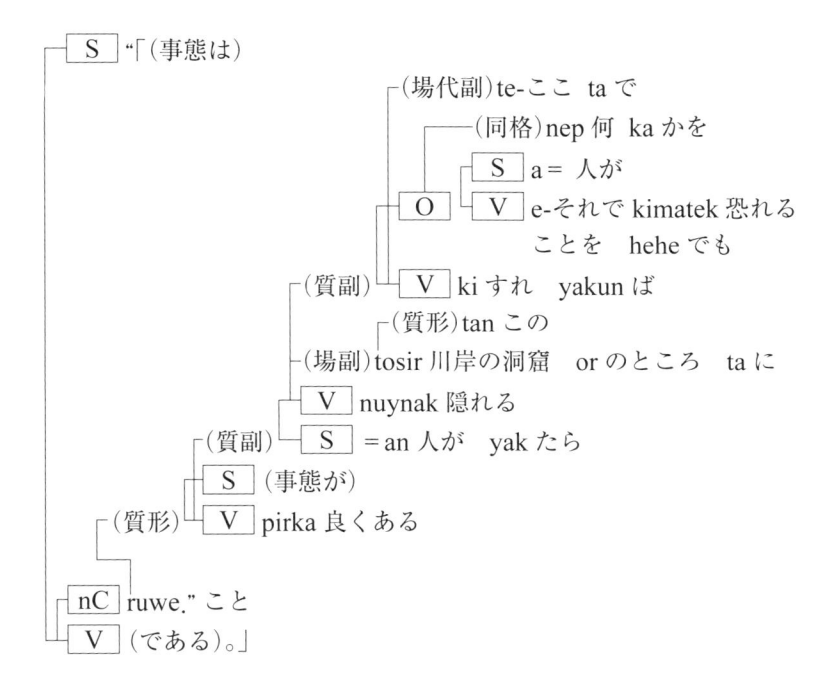

（133）　i＝sam kusu hike ka somo i＝nukar apekor an kor ure ani...［原文の
　　　　まま］ure
　　　i＝eokok pekor iki kor i＝akkari siri a＝nukar hi.　　　　飢饉
　　　私のそばを通ったのにまるで私が見えないかのようにして足先で私
　　　にけつまずくようにして通り越して行ったのでした。

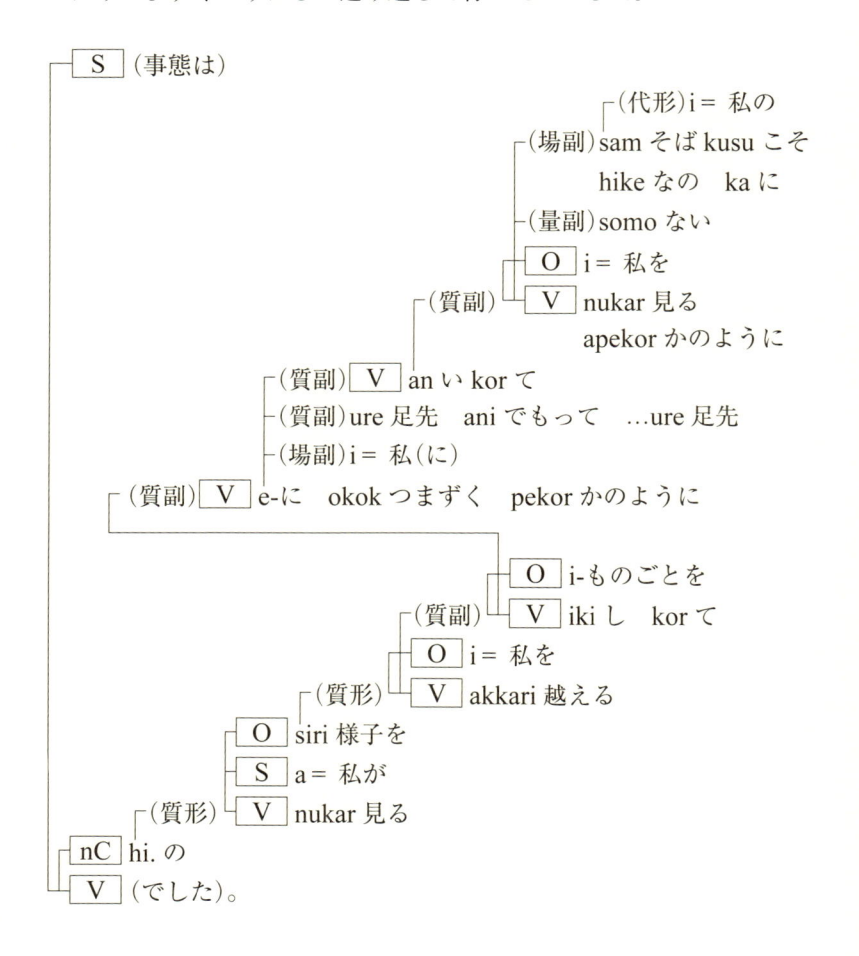

③ OCSV

「〜を〜にする」というこの文型は、O が事物のときは前に出て OCSV になる
（134）。また、O が接辞のときは SO の順で動詞に前置されるので、CSOV にな
る（135）。

（134）　tapan ponchise irukay neko kani chise poro chise ne chikar okere.
銀の滴

この小さい家を一寸の間に金（かね）の家大きな家に作り変えてしまった。

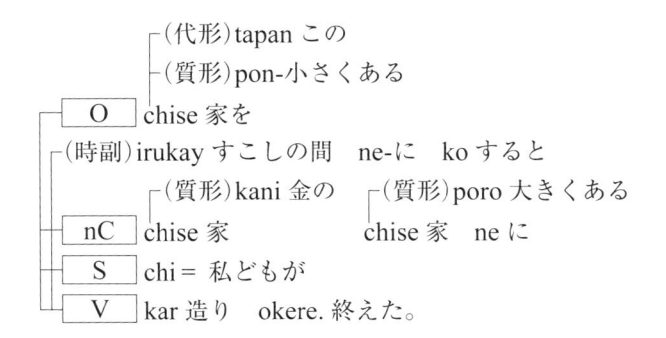

（135）　ora ek＝an hine aynu menoko ne a＝e＝kar wa aynu ne e＝an ruwe
ne kusu　　白い犬

私がやって来て おまえを人間の娘の姿に変えてあげたのだから

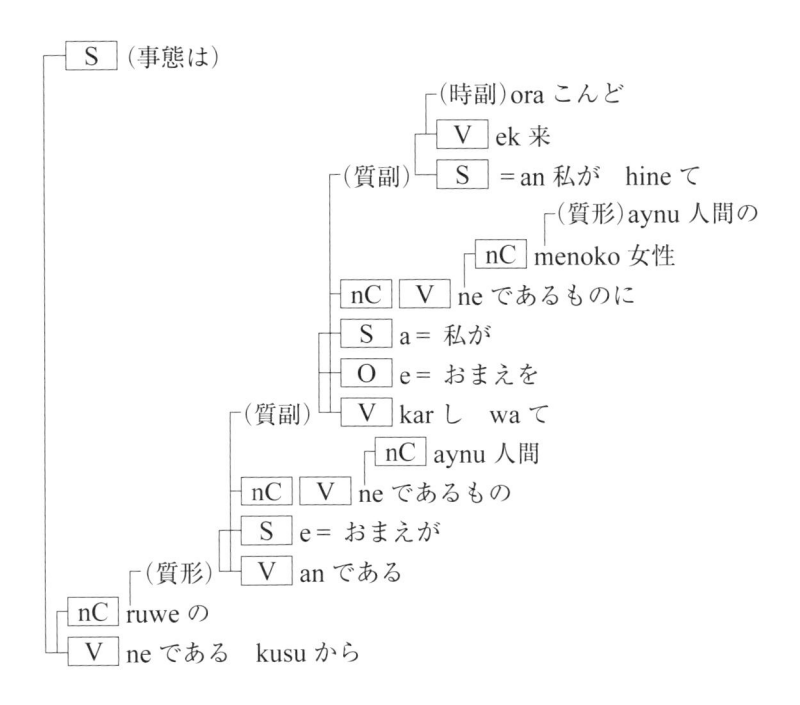

④ COV

OCSV の主語が省略されると OCV になるが、O が接辞のときは動詞に前置される ので COV の語順になる。

（136）　neun ka iki wa aynu ne arpa... arpa wa aynu ne e＝karkar sekor
　　　　白い犬
　　　　どうにかして行っておまえを人間にしてやりたいと

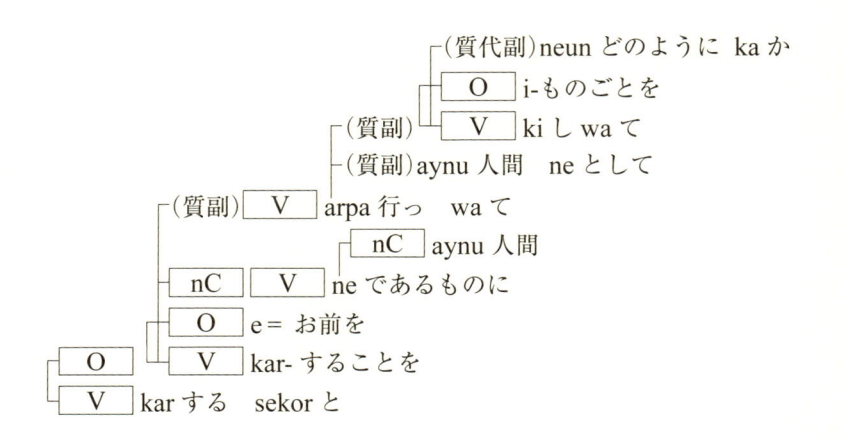

（137）　nen ka kamuy i＝erampokiwen wa aynu ne i＝kar hi ne kuni a＝
　　　　ramu kor　　　　白い犬
　　　　何かの神様がかわいそうに思って 人間にしてくれたのだと思うと

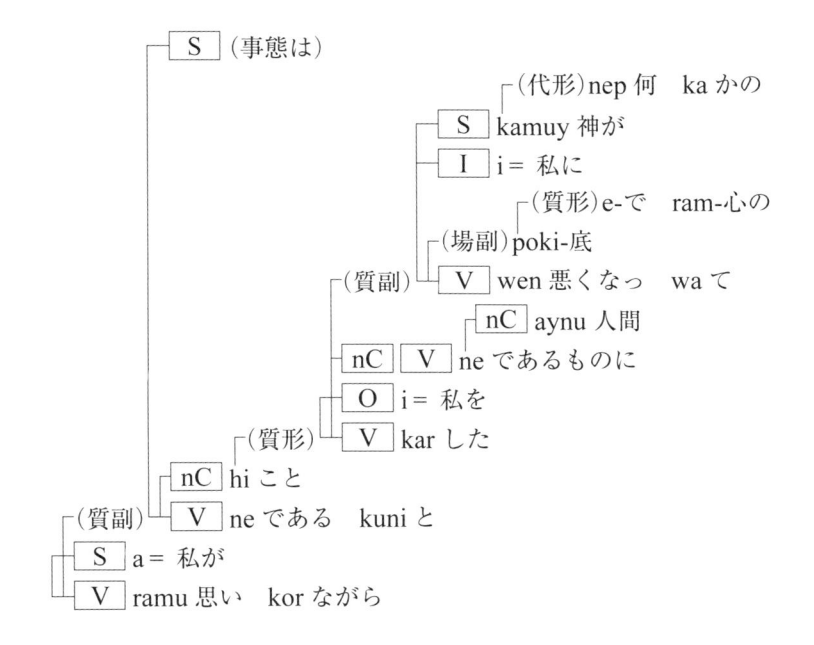

お　わ　り　に

　少ない音節で複雑な構造をもつアイヌ語の文も、本書で見る限り4次元の認識に規定されていると結論づけられる。人は同じものを見て、それぞれの言語で文にする。その表層構造がどんなに複雑であろうと、その深層においてすべては一つにつながっている。

　大勢の人間が話している似通った言語だけをみて、言語はその範囲で存在するものだと思い込んでいるなら、アイヌ語はその先入観を打ち砕く。そこで、なぜそのような表現をするかという必然を考えるとき、そこにアイヌ語の論理が見いだせる。それは人間のものの考え方の多様性、可能性を示している。多様性の消滅は、可能性の消滅を意味する。アイヌ語は、人間にはそのような生き方もできるのだということを教えてくれる。それは、地球上のあらゆる環境に適応して生き延びてきた人間という生物の柔軟さ、豊かさ、強さの証である。

　しかし、アイヌ語は消滅の危機にある。大和朝廷の坂上田村麻呂に連なる「征夷（東夷征討）大将軍」は武家政治の最高権力者を意味し、東国先住民族に覇権を広げることが国家の大義であり続けた。明治になるとそれは「保護」と銘打って、日本語使用を義務づけるなど、人権を阻害する法律に代わった（北海道旧土人保護法（1899年、明治32年））。そして、アイヌ文化の振興を謳ういわゆる「アイヌ新法」（1997年、平成7年）の附則で廃止されるまで、実に99年間その法律は生き続けた。彼らが組み込まれたはずの日本国の憲法、戦後民主主義も届かぬ、この長きにわたるアイヌへの圧政が、アイヌ語を消滅に向かわせている。

　日々大勢の話者が生み出して続けている言語と違って、アイヌ語の資料は限られている。それでも、先人達は労をいとわぬフィールドワークを行い、並々ならぬ努力によってアイヌ語の資料を残してくれている。本書の研究が、これらの貴重な資料の一部を利用することで成り立っていることは、言うまでもない。

　非力ながら文の深層構造を検証するという本書の試みが、アイヌ語の表層構造を明らかにする一助となれば幸いである。

　なお、本書の刊行は独立行政法人日本学術振興会平成28年度科学研究費助成事業（科学研究費補助金）（研究成果公開促進費）の交付を受けたものであることを付記しておく。

注

（注1）　アイヌ語には二種類の所有表現がある。一つは toan kekaci sikihi（あの 少年の 目）や ku＝sikihi（私の＝目）のように名詞を並列する場合で、もう一つは toan kur kor seta（あの 人が 持つ 犬）のように kor（持つ）を含む形容詞節であらわす場合である。概して切り離せない場合は前者を用い切り離せる場合は後者を用いるとされるが、詳しくは田村（1988,pp. 33-36）を参照されたい。ただし、ここでは同じ親子関係に ku＝poho kor hekattar（私の＝息子が持つ子供たち）と二種類が使われている。

（注2）　角田太作（2011）は「太郎は名古屋に行く予定だ」のような文を「人魚構文」と呼んでいる。「太郎は」という主語と「予定だ」という動詞句が対応しないからである。しかし、この表層構造を深層構造から捉えるなら、主語が想定される。名詞補語「予定」と等記号＝でつなげられる名詞は「予定」に他ならない。つまり、この文には「（太郎の）予定は」「（太郎は名古屋に行く）予定だ」ということになる。「太郎は」は「行く」の主語であり、「予定だ」の主語ではない。したがって、この文も主語が省略されたクモの巣構文だといえる。

（注3）　田村（1996b, pp. 7-8）では、アイヌ語の動詞を以下の四つに分類する。

 ①完全動詞　主語と述語を内蔵し、直接・間接目的語も補語もとらない（sir-pirka（あたりの様子 - よい）天気がよい）

 ②自動詞　主語をとるが、直接・間接目的語も補語もとらない（hekaci <u>ek</u>（男の子 が <u>来た</u>）

 ③他動詞　主語と直接・間接目的語をとる（húci cep <u>e</u>（おばあさんが 魚を <u>食べた</u>））

 ④デアル動詞 主語と補語をとる、特殊な自動詞（káni）wenkur ku＝<u>ne</u>（私は）女　私 は＝<u>である</u>

 図表 11 にある本書の動詞分類に従うなら、①完全動詞は自動詞の主語含有動詞である。田村は「間接目的語も補語もとらない」というが、②自動詞は間接目的語をとることもあり、補語をとるのが④デアル動詞である。つまり、「補語をとらない」という要件を取り去って、④は②に入れるべきである。また、②は主語と同一の再帰直接目的語をとりうるので、「直接目的語をとらない」は「再帰以外の直接目的語をとらない」とすべきである。そして、③の他動詞について、本書の分類は田村の分類と一致する。

（注4）　知里（1936）でもこれらは全て助詞で、助動詞という品詞を設けていない。一方、田村（1988）では、助詞の下位分類に助動詞を設けている。

（注5）　日本語でも「（行こ）う」「（来）よう」「（行く）まい」のように活用のない助動詞が見られる。ただし、助動詞の定義からすると、これらは例外とされている。また、過去の助動詞「た」の活用形、「たろ（未然形）」と「たら（仮定形）」はそれぞれ「た＋（だ）ろ（う）」、「た＋（な）ら」の音変化とみられ、「た」自体は無変化である。つま

り、日本語の助動詞は、膠着語の変形した動詞の付属部分を便宜的に分類していると言える。

(注6) 日本語では、古文において「係り結び」をすることから「係り助詞」とも呼ばれる。けれども、「は」「も」「こそ」「すら」「さえ」等は、いずれも一定の範囲を限定する。したがって、現代日本語における役割を明確にするなら、「限定助詞」とするのが妥当であろう。

(注7) 日本語の文型頻度は酒井(2011)によるもので、戯曲を含む文学作品、記事、議事録などをデータとしている。また、英語の文型頻度は酒井(2016)によるもので、英語圏の文学作品15作からデータをとっている。

(注8) チョムスキーの樹形図は文をまず名詞句と動詞句という形式よって分ける。しかし、その根拠は明らかでない。これに対して本書の樹形図は4次元認識の構造を根拠としている点が異なる。

資料略号

（50 音順）

アカゲラ 「アカゲラにされた女の子の話」（静内）アイヌ民族博物館編（2001）『虎尾ハルの伝承 鳥』アイヌ民族博物館 伝承記録 5

石狩「石狩を守るクモ神の夢を見たパロアッテ」（沙流）アイヌ民族博物館編（2015c）『上田トシの民話 3』アイヌ民族博物館

嘘「嘘の談判 盗みの談判」（沙流）アイヌ民族博物館編（2015c）『上田トシの民話 3』アイヌ民族博物館

オンネ 1「テキスト 1」（知里幸恵）大谷洋一（1996）「『オンネパシクル』のアイヌ語原文資料」『北海道立アイヌ民族文化研究センター研究紀要』第 2 号

オンネ 2「テキスト 2」（鍋渾コポアヌ）大谷洋一（1996）同上

カワ 「カワガラスに助けられた私の父さんの話 1」（静内）アイヌ民族博物館 編（2001）『虎尾ハルの伝承 鳥』アイヌ民族博物館 伝承記録 5

飢饉「飢饉とカラス神」（沙流）アイヌ民族博物館編（2015c）『上田トシの民話 3』アイヌ民族博物館

木彫り「木彫りのオオカミ」（沙流）アイヌ民族博物館編（2015a）『上田トシの民話 1』アイヌ民族博物館

銀の滴「銀の滴降る降るまわりに」（幌別）知里幸恵編訳 （1978）『アイヌ神謡集』岩波書店

サル「サルの生き胆」（沙流）アイヌ民族博物館編（2015c）『上田トシの民話 3』アイヌ民族博物館

酒宴「酒宴を催した山鳥の話」（静内）アイヌ民族博物館編（2001）『虎尾ハルの伝承 鳥』アイヌ民族博物館 伝承記録 5

シマフ「シマフクロウと飢餓」（静内）アイヌ民族博物館編（2001）『虎尾ハルの伝承 鳥』アイヌ民族博物館 伝承記録 5

白い犬「白い犬の水汲み」（沙流）アイヌ民族博物館編（2015a）『上田トシの民話 1』アイヌ民族博物館

ステノ「織田ステノの『イコペプカ』」（静内）奥田統己（1998）『北海道立アイヌ民族文化研究センター研究紀要』第 4 号

ゼンマイ「息子に『ゼンマイ』と名づけた夫婦の話」（沙流）アイヌ民族博物館編（2015c）『上田トシの民話 3』アイヌ民族博物館

ソロマ 2「ソロマのウエペケレ 2」（沙流）大谷洋一（1999）「小川シゲノから上田トシへの伝承」3『北海道立アイヌ民族文化研究センター研究紀要』第 5 号

月「月に入れられた怠け者の少年」（沙流）大谷洋一（2006）「小川シゲノさんの口承伝承」『北海道立アイヌ民族文化研究センター研究紀要』第 12 号

トワ「トワトワト」（幌別）知里幸恵編訳 （1978）『アイヌ神謡集』岩波書店

ぬか「ぬかおにぎりころがった」（沙流）アイヌ民族博物館編（2015c）『上田トシの民話 3』アイヌ民族博物館

ネコ「ネコに殺されそうになった友人を助けた男の話」（沙流）大谷洋一（2005）『北海道

立アイヌ民族文化研究センター研究紀要』第 11 号

放屁「パナンペ放屁譚」（幌別）知里真志保(1981)『アイヌ民譚集』岩波書店

マタ「マタタンプのウエペケレ」（沙流）大谷洋一(2000)「松島トミさんの口承文芸」2
『北海道立アイヌ民族文化研究センター研究紀要』第 6 号

夜襲「夜襲に滅ぼされた村の孤児姉弟の話」（沙流）アイヌ民族博物館編(1997)『上田ト
シのウエペケレ』伝承記録 3・昔話

ヨノコ「ヨノコのウエペケレ」（沙流）大谷洋一(2000)「松島トミさんの口承文芸」2『北
海道立アイヌ民族文化研究センター研究紀要』第 6 号

六重「六重の喪服を着た男」（沙流）アイヌ民族博物館 編(1997)『上田トシのウエペケ
レ』伝承記録 3・昔話

106

参　考　文　献

旭川市博物館(2000)『旭川採集アイヌ語動詞集』旭川市教育委員会

奥田統己・林誠・田村すず子編(2003)『アイヌ語静内方言の音声資料－田村すず子採録 織田ステノさんと虎尾ハルさんの口頭文芸と会話』環太平洋の「消滅に瀕した言 語」にかんする緊急調査研究

萱野茂(2002)『萱野茂のアイヌ語辞典』三省堂

――(2007)『新訂 復刻 ウウェペケレ集大成』平凡の友

木村多栄子(2013)『アイヌ語ラジオ講座』(浦河)vol.1-4 アイヌ文化振興・研究推進機 構

金田一京助(1960)「アイヌ語学講義」『アイヌ語研究 金田一京助選集』1 三省堂

小林美紀(2008)「アイヌ語の名詞抱合」『千葉大学人文社会科学研究』17

――(2009)「アイヌ語の接頭辞 -e と-o に関する考察」『千葉大学人文社会科学研究科研 究プロジェクト報告書』189

――(2010)「アイヌ語の動詞接頭辞 si-と yay-の項同定機能」『千葉大学人文社会科学研 究』21

切替英雄(1984)「アイヌ語名詞句の構造と合成名詞」『言語研究』86

――(1989)『アイヌ神謡集辞典』北大文学部言語学研究室

酒井優子(2002)『言語伝達説と言語認識説の系譜』リーベル出版

――(2006)『4 次元認識の文構造 ―スペイン語の場合― 』リーベル出版

――(2011)『日本語の文構造 ―文の樹形図― 』リーベル出版

――(2016)『英語の文構造 ―深層構造から表層構造へ― 』リーベル出版 (Web 公開 英語版 http://www.cloud.teu.ac.jp/public/LIF/sakai/xuss/) (2008)"Universal Sentence Structure - A Realization in Spanish -" (2011)"Syntax Tree Diagram in Spanish：From Deep Structure to Spanish Surface Structure." (2013)"Syntax Tree Diagram in Japanese：From Deep Structure to Japanese Surface Structure." (2016a)"Universal Sentence Structure：Syntax Tree Diagram in English." (2016b)"Syntax Tree Diagram in Ainu Language：Analysis of *UWEPEKER* (Falktale)(1)1-60 by KAWAKAMI Matsuko."「アイヌ語の文の樹形図『川上ま つ子さんの民話(1)』1-60 の分析」

佐藤知己(1992)「抱合」からみた北方の諸言語」宮岡伯人編『北の言語　類型と歴史』 三省堂

――(2007)「アイヌ語千歳方言の再帰接頭辞」『認知科学研究』5

――(2008)『アイヌ語文法の基礎』大学書林

――(2012)「アイヌ語の現状と復興」『言語研究』142

柴谷方良(1992)「アイヌ語の抱合と語形成理論」宮岡伯人編『北の言語　類型と歴史』

　　三省堂

田村(福田)すず子(1956)「アイヌ語の動詞の構造」『言語研究』30

――(1960)「アイヌ語沙流方言の助動詞」『民族学研究』24-4.

――(1973)「アイヌ語沙流方言の合成動詞の構造」『アジア・アフリカ文法研究』2

――(1988)「アイヌ語」亀井孝他編『言語学大事典』第 1 巻

――(1996a)『アイヌ語沙流方言辞典』草風館

――(1996b)「アイヌ語沙流方言略説」『アイヌ語沙流方言辞典』草風館

――編(2001)『アイヌ語沙流方言の音声資料 1　近藤鏡二郎の録音テープに遺されたワ
　　テケさんの神謡』環太平洋の「消滅に瀕した言語」にかんする緊急調査研究

田村雅史(2002)「アイヌ語沙流方言の格助詞と移動の概念構造」『千葉大学　ユーラシ
　　ア言語文化論集』5

――(2010)「アイヌ語白糠方言の文法記述」千葉大学博士論文

知里真志保(1936)「アイヌ語法概説」『知里真志保著作集』4 平凡社 1974

――(1942)「アイヌ語法研究」『知里真志保著作集』3 平凡社 1973

角田太作(2011)「人魚構文:日本語学から一般言語学への貢献」『国立国語研究所論集』1

富田隆(2013)「アイヌ語電子辞書」http://homepage3.nifty.com/tommy1949/
　　aynudictionary.htm

中川裕(1995)『アイヌ語千歳方言辞典』草風館

――(2001)「自動性・他動性とアイヌ語の動詞」『ユーラシア諸言語の動詞論(1)』千葉
　　大学社会文化科学研究科

――・中本ムツ子(2004)『CD エクスプレスアイヌ語』白水社

――監修(2009)『ニューエクスプレス・スペシャル　日本語の隣人たち』白水社

服部四郎(1964)『アイヌ語方言辞典』岩波書店

平山裕人(2013)『アイヌ語古語辞典』明石書店

Bugaeva, Anna(2004)*Grammar and Folklore Texts of the Chitose Dialect of Ainu
　　(Idiolect of Ito Oda)*Endangered Languages of the Pacific Rim.

ブガエワ・アンナ(2013)「北海道南部のアイヌ語」『早稲田大学高等研究所紀要』　第 6
　　号

――(2014)「アイヌ語使役構文に関する再考察」『北方言語研究』4

藤山ハル口述 村崎恭子編(2010)『樺太アイヌの民話 ウェネネカイペ物語 3 編』東京外
　　国語大学アジア・アフリカ言語文化研究所

村崎恭子(1979)『カラフトアイヌ語文法篇』国書刊行会

――編訳(2001)『浅井タケ口述樺太アイヌの昔話』草風館

吉田巌(1989)『北海道あいぬ方言語彙集成』小学館

［著者略歴］

酒 井 優 子（さかい・ゆうこ）

上智大学外国語学部イスパニア語学科卒業
上智大学大学院外国語学部言語学専攻博士前期課程修了（文学修士）
マドリッド大学哲文学部にスペイン政府給費留学
上智大学大学院同学部同専攻博士後期課程単位取得修了満期退学
東京工科大学教授

主な著作：
『言語伝達説と言語認識説の系譜』（2002，リーベル出版）
『4次元認識の文構造—スペイン語の場合—』（2006，リーベル出版）
『日本語の文構造—文の樹形図—』（2011，リーベル出版）
『英語の文構造—深層構造から表層構造へ—』（2016，リーベル出版）

アイヌ語の文構造——深層構造から表層構造へ

2017年2月20日　初版第1刷発行

著　　　者	酒　井　優　子	
発　行　者	串　原　徹　哉	
発　行　所	リ ー ベ ル 出 版　（Liber Press）	

〒173-0005　東京都板橋区仲宿15-1
［販売］☎03-3961-0020／［編集］☎03-3961-0065
Fax 03-3961-0166／http://www.liber-press.net/

印　刷　所　　日本ハイコム株式会社
製　本　所　　株式会社川島製本所

ISBN978-4-89798-681-4